메시지 하우스

SEKAI HYOJUN NO SETSUMEIRYOKU
Copyright © 2024 Koichi Iwasawa
Korean translation copyright © 2025 Book21 Publishing Group
Original Japanese language edition published by SB Creative Corp.
Korean translation rights arranged with SB Creative Corp., through Danny Hong Agency.

이 책의 한국어판 저작권은 대니홍 에이전시를 통한 저작권사와의 독점 계약으로 (주)북이십일에 있습니다. 저작권법에 의해 한국 내에서 보호를 받는 저작물이므로 무단전재와 복제를 금합니다.

MESSAGE HOUSE
메시지 하우스

핵심만 딱! 전달하는 실전 **커뮤니케이션 스킬**

이와사와 고이치 지음　이미정 옮김

purpose
목표는 무엇인가?

target audience
누구를 설득할 것인가?

key message
핵심 메시지는 무엇인가?

message
전하려는 메시지는 무엇인가?

evidence
근거는?

21세기북스

— 들어가며 —

하고 싶은 말을 제대로 전하는
세계 표준의 설명력

"그래서, 무슨 말을 하고 싶은 거죠?"

"요점이 뭐지?"

"음, 잘 이해가 안 되네요."

회의, 영업 미팅, 보고, 제안, 프레젠테이션 등 비즈니스 현장에서 한 번쯤 들어 봤을 법한 말이다. 회의나 영업 미팅, 프레젠테이션 자료를 만들 때 정리가 잘 안되거나, 분명 할 말이 있었는데 막상 실전에서는 말문이 막혀 제대로 하지 못했던 경험도 있을 것이다. 이런 상황이 가리키는 문제의 핵심은 하나다. 듣는 쪽이 한 말인지, 설명한 쪽이 생각한 말인지에 따라 다르겠지만, 바로 '설명한 내용이 잘 정리되지 않았다'는 점이다.

설명은 커뮤니케이션의 기본이다. 설득, 교섭, 토론, 화해, 사과 등 모든 커뮤니케이션은 가장 먼저 당신의 생각을 전달하는 '설명'에서 시작된다. 인공 지능AI이나 디지털 전환DX이 화두인 시대지만, 비즈니스는 결국 사람 사이의 소통에서 출발하며 소통은 대부분 설명을 주고받는 것에서 시작한다. 설명이 잘 전달되면 비즈니스는 훨씬 원활하게 진행된다. 결국 설명력을 갖춘 사람이 비즈니스를 주도한다.

여러분 주위에도 '설명 잘하는 사람', '프로 소통러'로 회사나 동료, 고객에게 좋은 평가를 받는 사람이 있을 것이다. 그들은 왜 그런 별명으로 불릴까? 아마도 머릿속으로 정리를 잘하는 사람들일 것이다. 그들은 상대방의 감정이나 상황을 빠르게 파악하고, 어떤 말이나 제안을 원하는지 읽어 내는 능력이 뛰어나다. 또한, 파악한 내용을 바탕으로 자신이 전하고 싶은 말은 무엇인지, 어떤 정보를 덧붙여야 상대를 설득하고 만족시킬 수 있을지 자연스럽게 정리해 낸다.

그렇다면 설명하는 힘은 타고나는 것일까? 물론 소질의 차이는 있을 것이다. 그리고 경험을 통해 의식하지 않아도 그 힘을 터득한 사람도 있을 것이다. 하지만 설명력은 특별한 경험이나 타고난 재능이 없어도 누구든지 바로 손에 넣을 수 있는 능력이다.

이 책은 세계적으로 널리 쓰이고 있는 설명의 프레임워크, 즉 '설명의 구조'를 소개한다. 세계적으로 널리 쓰이는 이유는 복잡하지 않아 즉시 이해하고 활용할 수 있기 때문이다. 사실 그 구조란 매우 단순하다. 간단한 훈련만으로도 특별한 도구 없이 머릿속으로 정보를 정리할 수 있게 된다. 게다가 설명의 구조를 알고 나면 설명하는 입장이 아니라 설명을 듣는 입장이 되었을 때도 상대방의 말을 더 쉽게 정리하고 이해할 수 있게 된다. '세계 표준의 설명력'이란 바로 그런 것이다. 아무쪼록 이 책이 독자 여러분이 비즈니스를 주도하는 설명력을 익히는 데에 도움이 될 수 있다면 더할 나위 없이 기쁠 것이다.

— 목 차 —

▶▶▶ 들어가며
하고 싶은 말이 전달되는 '세계 표준의 설명력'　　　　4

CHAPTER 1 잘 통하는 설명은 구조가 다르다

▶▶ **설명의 중요 요소를 분해해서 생각한다**　　　　15
중요 요소 ① 누구에게 설명하는가
중요 요소 ② 무엇을 설명하는가
중요 요소 ③ 어떤 상황에서 설명하는가
중요 요소 ④ 어떻게 설명하는가
중요 요소 ⑤ 왜 설명하는가

▶▶ **타깃 오디언스 의식하기**　　　　19
▶▶ **설명에 힘을 부여하는 '목적'**　　　　21
▶▶ **그 설명에는 마음을 움직이는 메시지가 있는가?**　　　　23
▶▶ **메시지 중에서도 가장 중요한 것은 핵심 메시지**　　　　28
핵심 메시지는 단순히 정리 메시지가 아니다

▶▶ **설명의 TPO와 수단·양식**　　　　32
어떠한 상황에서 = TPO
어떻게 = 수단·양식

▶▶ **설명과 그 외의 커뮤니케이션은 무엇으로 구분할까?**　　　　35
설명은 인지가 아닌 이해를 요구한다
메시지가 없는 커뮤니케이션이란 없다

▶▶ **탁월한 설명을 가능하게 만드는 커뮤니케이션의 응용**　　　　40
설명이 설득을 가능하게 한다
설명과 설득이 쌓여 교섭을 가능하게 한다

▶▶ **인간관계는 설명하기 나름** 44
▶▶ **설명의 구조란?** 48
역피라미드형 논리 구조
PREP 법
SDS 법

▶▶ **설명의 구조에는 세계 표준이 있다** 53

CHAPTER 2 세계 표준의 설명 구조, 메시지 하우스란?

▶▶ **메시지 하우스는 세계 표준** 57
▶▶ **메시지 하우스의 구성** 60
▶▶ **메시지 하우스 사용법** 64
작성 가능한 부분부터 자유롭게 채워 나간다
요소들 사이에서 관련성을 발견한다
우선순위를 고려해 완성한다
해상도를 조정하며 완성한다

[연습] **면접에서 자신의 강점을 설명하는 경우의 메시지 하우스** 71

CHAPTER 3 메시지 하우스를 사용해 설명하기

▶▶ **메시지 하우스를 활용한 설명법** 85
역피라미드형 논리 구조에 대한 대응
PREP 법에 대한 대응
SDS 법에 대한 대응
피라미드형 논리 구조에 대한 대응

| 목차 |

▶▶ **설명 목적별 메시지 하우스 활용법**   94
설득에 대한 대응
교섭에 대한 대응
화해에 대한 대응

▶▶ **메시지 하우스를 제대로 사용하려면**   106
머릿속으로 그려 보는 메시지 하우스

CHAPTER 4 메시지 하우스로 상대방의 설명 해석하기

▶▶ 스티브 잡스의 연설로 독해 연습하기   113
▶▶ 〈스타워즈〉의 대사로 독해 연습하기   128

CHAPTER 5 메시지 하우스로 비즈니스 주도하기

[잡담] **재미있게 즐기듯 적당히 해결하기**   139
메시지 하우스를 바탕으로 한 잡담 대책

[회의] **높게, 넓게, 멀리, 그리고 낮게, 좁게, 가깝게로 해결하기**   148
메시지 하우스를 적용한 회의 대책

[영업 미팅] **공감력을 넓힌, 정확하고 놀라운
커뮤니케이션으로 해결하기**   155
메시지 하우스를 바탕으로 한 영업 미팅 대책

[보고, 연락, 상담] **설명에 포커스를 맞춰 해결하기**   164
메시지 하우스를 바탕으로 한 보고, 연락, 상담 대책

[프레젠테이션] **설득, 교섭, 화해에 포커스를 맞춰 해결하기**   170
메시지 하우스를 고려한 프레젠테이션 대책

CHAPTER 6 이렇게 하면 설명이 훨씬 잘 전달된다!

▶▶ 메시지에 힘을 부여하는 방법 181
뉴스 가치로 이목을 끈다
SF적 정보 발신으로 변화를 이야기한다
저널리즘적 정보 발신으로 사회까지 이롭게 한다

▶▶ 메시지를 전달할 기회를 늘리는 방법 197
브릿징으로 연결한다
열린 질문을 이용한다
프레이밍으로 TPO를 정돈한다

▶▶ 사과의 뜻을 효과적으로 전달하는 방법 209
메라비언의 법칙을 기억한다
W의 비극론법으로 극복한다
X 책임 계획법으로 냉정하게 대처한다

▶▶▶ 나가며
커뮤니케이션의 바람직한 자세란? 226

부록 ① 메시지 하우스 준비를 위한 체크 리스트 230
부록 ② 메시지 하우스 시트 235

1장

잘 통하는 설명은 구조가 다르다

설명의 중요 요소를 분해해서 생각한다

설명이란 무엇일까? 몇 가지 예시를 통해 생각해 보자.

- 업무 중 어떤 판단에 이르게 된 이유를 동료에게 메일로 설명하는 상황
- 먼저 도착한 친구에게 전화로 길을 잃은 상황을 설명하는 상황
- 면접에서 자신의 강점을 면접관에게 구두로 설명하는 상황
- 외도를 의심하는 배우자에게 친구가 찍은 알리바이 영상을 보여 주며 결백을 설명하는 상황
- 한식당에서 한국어를 모르는 외국인에게 영어로 메뉴 설명을 하는 상황

중요 요소 ① **누구에게 설명하는가**

우선 설명에는 대상이 중요하다.

- 동료에게 설명
- 친구에게 설명
- 면접관에게 설명
- 배우자에게 설명
- 한국어를 모르는 외국인에게 설명

즉 **누구**라는 부분이 중요한 요소가 된다.

중요 요소 ② **무엇을 설명하는가**

설명에는 설명의 내용과 대상이 중요하다.

- 어떠한 판단에 이르게 된 이유를 설명
- 상황을 설명
- 자신의 강점을 설명
- 자신의 결백을 설명
- 메뉴의 특징을 설명

즉 **무엇**이라는 부분이 필요 요소가 된다.

중요 요소 ③ **어떤 상황에서 설명하는가**

또한 설명 앞에는 다양한 과정이 자리한다.

- 업무 중 설명
- 길을 잃어 설명
- 면접에서 설명
- 외도를 의심받아 설명
- 식당에서 설명

즉 **어떤 상황**이라는 부분이 관여한다.

중요 요소 ④ **어떻게 설명하는가**

설명이 전달되는 수단에 따라 나타나는 패턴이 다양하다.

- 메일로 설명
- 전화로 설명
- 구두로 설명
- 동영상을 보여 주며 설명

- 영어로 설명

즉 **어떻게**라는 부분이 필요하다.

중요 요소 ⑤ 왜 설명하는가

사람이 설명이라는 행동을 취하는 데에는 목적이 있다. 이를 이유 혹은 동기라고도 한다. 앞서 예로 들었던 '업무 중 어떤 판단에 이르게 된 이유'를 동료에게 메일로 설명하는 상황을 다시 떠올려 보자. 여기서 설명의 목적은 무엇일까.

- 판단에 이르게 된 복잡한 경위를 알리기 위해
- 일정이 맞지 않아 동료에게 업무를 부탁하기 위해
- 상사의 지시에 따른 것임을 강조하여 프로젝트를 따내기 위해
- 팀의 불화를 해소할 필요성을 강조하여 함께 업무를 성공시키기 위해

이와 같은 목적이 없다면 설명은 불필요하다. 더불어 목적에 따라 설명 방식이나 내용도 달라진다. 요컨대 **왜** 설명하는지 즉, 설명 자체의 목적이 중요한 요소가 된다. 정리하면 설명에는 **누구에게, 무엇을, 어떤 상황에서, 어떻게, 왜**라는 다섯 가지 요소가 필수적이다. 이제부터 이 다섯 요소에 대해 알아보도록 하자.

타깃 오디언스 의식하기

우선 '누구에게'에서 '누구'는 설명의 대상, 즉 듣는 사람을 가리킨다. 그 대상은 한 사람일 수도 있고 여러 사람 혹은 다수의 집단일 수도 있다. 아는 사람일 수도 있으며 얼굴도 이름도 모르는 누군가일 수도 있다. 최근에는 동물이나 식물뿐만 아니라 AI에게까지 설명하는 경우가 많아졌는데, 기본적으로 이 책에서 설명을 듣는 대상은 인간을 전제로 한다.

이 듣는 대상을 **타깃 오디언스**target audience라고 한다. 타깃target은 과녁, 표적, 목표를, 오디언스audience는 청중, 즉 듣는 사람을 의미한다. 한마디로 타깃 오디언스란 목표로 하는 청중을 뜻한다. 설명은 커뮤니케이션의 형태 중 하나로 반드시 정보를 전달하는 사람과 받는 사람이 존재한다. 여기서 정보를 받는 사람이 타깃 오디언스다. 설명에서는 특히 이 타깃 오디언스의 존재를 의식하는 것이 중요하다. 타깃 오디언스의 사정, 기분, 상황, 생각 등을 고려하는 설명이, 그렇지 않은 설명보다 더 좋은 설명임은 말할 것도 없다. **설명을 듣는 타깃 오디언스의 목적, 이유, 동기를 고려하면 전달력과 이해도가 높은 설명이 된다.**

설명에 힘을 부여하는 '목적'

설명의 다섯 가지 핵심 요소 중 제일 마지막에 등장하지만, '누구에게'만큼 중요한 요소가 있다. 바로 **왜** 설명하는가다. '왜'는 목적, 이유, 동기 등으로 바꿔 말할 수 있는데, 특히 설명의 주체가 되는 전달자 쪽의 목적, 이유, 동기라고 할 수 있다. 설명하는 사람에게 이 '왜'가 명확하고 절실할 때 설명은 훨씬 강력한 힘을 갖는다. 목적, 이유, 동기가 명확하면 메시지가 잘 전달되고, 절실할수록 메시지는 사람의 이성이나 감정 모두에 더 강하게 호소할 수 있다.

하지만 설명하는 이가 자신의 상황에만 얽매여 타깃 오디언스를 방치하면 좋은 설명을 할 수 없다. 반대로 **듣는 사람의 상황**

에만 치중한 나머지 설명자의 목적, 이유, 동기가 흐릿해지면 메시지는 상대방의 머리에도, 마음에도 제대로 전달되지 않는다.** 따라서 '왜'는 '누구에게'와 마찬가지로 설명이라는 커뮤니케이션에서 매우 중요한 요소이다. 이 책에서는 '왜'를 편의상 **목적**이라 부르기로 한다.

타깃 오디언스와 **목적** 사이의 균형을 잘 조율하는 것이 조리 있고 능숙하며 효과적인 설명의 핵심이다. 전달하는 사람과 듣는 사람, 양쪽 모두의 입장을 몇 번이고 바꿔 가며 생각하면 전달하는 사람에게도, 듣는 사람에게도 유의미한 설명이 된다.

그 설명에는 마음을 움직이는 메시지가 있는가?

타깃 오디언스의 상황과 화자의 상황인 목적에 더해 또 하나 중요한 요소는 '무엇'이다. 여기서 주의해야 할 점은 '무엇'의 중요성을 크기로 정하거나 다른 대상과 비교할 수 있다고 착각하기 쉽다는 점이다. 10원보다는 1,000원이 중요하다거나, 집 근처 공원의 언덕보다는 에베레스트산이 더 높다거나, 지동설을 제창한 천문학자보다는 천동설을 지지한 신학자가 더 의미 있다고 보는 식의 비교는 무의미하다.

1장 서두에서 든 예시에서는 어떠한 판단에 이르게 된 이유, 상황, 자신의 강점, 자신의 결백, 메뉴의 특징이 '무엇'에 해당한다. 각 예시의 '무엇' 중 메뉴의 특징보다 자신의 강점이 더 중요하다거나 자신의 강점보다 자신의 결백이 훨씬 절박하다라는 식의 비교는, '설명'을 논할 때 '무엇'의 중요성에서 아무런 의미나 상관이 없는 비교다. 이 비교에는 중요한 무언가가 빠져 있다. 바로 전달하는 사람이나 듣는 사람이 등장하지 않는다는 점이다. 다시 말해, 전달하는 사람이나 목적, 타깃 오디언스의 사정이 빠진 채로 비교를 한다 한들 '설명'에서의 '무엇'의 중요성은 쉽게 측정할 수 없다는 말이다. **설명에서 중요한 '무엇'은 어디까지나 전달하는 사람과 그 목적, 타깃 오디언스의 사정 양쪽 모두를 반영한 것이어야 하기 때문이다.** 그것이 바로 **메시지**다.

메시지는 말하기의 목적과 타깃 오디언스의 사정을 바탕으로 전달자가 듣는 사람에게 보내는 정보의 집합체다. 그 정보의 집합체인 메시지에 들어가는 것은 단순히 데이터나 사실, 단어로만 이루어진 묘사에 그치지 않는다. 메시지에는 전달자의 마음이나 감정도 담겨 있다. 잘 전달되는 메시지, 좋은 메시지는 이성과 감성, 즉 듣는 사람의 머리와 가슴 모두에 영향을 준다.

여기서 다시 업무 중 어떤 판단에 이르게 된 이유를 동료에게 메일로 설명하는 상황으로 돌아가 보자. 목적은 그 판단에 이르게 된 복잡한 경위를 전하고 싶기 때문이다. 여기서 B(동료)가 A(자신)와 오랜 기간 알고 지낸 사이라서 굳이 말하지 않아도 알아준다거나, 설명하지 않아도 무조건 믿어 주는 사람이 아니라는 점을 전제로 한다.

설명 ①: "사정이 좀 있었어. 복잡해서 자세히 말하기는 힘들고, 그냥 이렇게 해 볼까 해."

만약 A의 설명이 이렇다면 어떨까? 정보가 부족해 B는 이성적으로 판단하기 어렵고, A의 말은 아무런 영향도 주지 못한다. 또한 A의 판단에 절실함 역시 느껴지지 않으며 설명도 명확하지 않다. 한마디로 이성과 감정 모두에 영향을 주지 못하는, 바람직하지 않은 메시지다. 그렇다면 이런 설명은 어떨까?

설명 ②: "사실은 B 씨도 찬성한다는 전제하에 진행하려 했습니다. 그런데 오늘 아침 고객사로부터 납기가 오늘까지로 변경되었다는 연락을 받았습니다. 최종 승인을 해 줄 C 팀장님도 출장 중이라 연락이 되지 않고, 현재 작업이 제대로 마무리되지 않은 상태라 당장이라도 진행할 수밖에 없습니다. 우선은 제 선에서 가능한 모든 방법을 동원해 처리하겠습니다. 하지만 일단은 오늘 중으로 고객사에 상황을 보고해야 하므로 제 작업분으로 먼저 대응하겠습니다. 이후 완성된 팀 작업분이 제출될 수 있도록 다시 한번 협조를 부탁드리겠습니다."

최선은 아니지만, 시간 제약 속에서 차선책을 고민한 경위, 혼자라도 처리하려 노력하는 태도, 팀원과의 정보 공유와 합의를 이끄는 방식, 정중한 말투 등에서도 확연한 차이가 느껴진다. 앞서 예를 든 설명보다 더욱 호소력이 느껴진다.

중요한 점은 설명 ②가 전달하는 사람의 목적과 타깃 오디언스의 사정 모두를 고려하고 있다는 사실이다. 전달자의 목적은 눈앞에 닥친 상황을 원만히 해결하고 자신이 내린 판단에 대해 동료를 포함한 팀 전체를 설득하는 데 있을 것이다. 그리고 타깃 오디언스의 사정으로는 A가 말하는 복잡한 경위가 무엇인지 알고 싶고, 그 설명을 통해 변경 사항을 이해하고자 하며, 팀의 일원으로 함께 일해 나가고 싶은 바람 등을 짐작할 수 있다.

위 설명에서 중요한 것은 절대 복잡한 경위 그 자체가 아니라는 점이다. '무엇'을 비교하는 데에 있어 단순한 경위보다 복잡한 경위를 설명하는 편이 더 낫다고 할 수 없기 때문이다. 중요한 점은, 설명이 화자와 청자라는 인간 사이에서 이루어지는 커뮤니케이션이라는 사실이다. 이때 중심은 사물이나 상황 자체가 아니라 메시지라는 정보의 집합체이며, 이 메시지는 결국 인간관계의 산물이라는 점이다. 타깃 오디언스와 목적, 그리고 메시지, 이 세 가지 요소가 설명이라는 행위에서 가장 중요하다.

물론 설명에서 하나의 메시지만 있는 것이 아니며, 실제로는 여러 메시지가 함께 전달되는 경우가 많다. 하지만 여기에서는 주의가 필요하다. 만약 수많은 메시지를 한꺼번에 전달하면 어떻게 될까? 듣는 사람은 메시지의 내용을 받아들이기는커녕 금방 잊어버리게 된다. 전달하는 메시지 모두가 하나같이 중요하다고 말하면 어떻게 될까? 듣는 사람은 모든 내용이 뒤섞여 기억해 내기도 쉽지 않을 것이다.

이 책에서 말하는 타깃 오디언스는 기본적으로 인간이다. 따라서 전달하는 사람도 인간, 듣는 사람도 인간(혹은 집단)일 때, 인간이 처리할 수 있는 정보의 한계나 특징까지 고려하여 설명해야 한다. 아무리 모든 메시지가 중요하다 해도, 기억할 수 없을 정도로 많은 내용을 타깃 오디언스가 그대로 받아들이기를 기대해서는 안 된다. 상대방이 재빨리 이해하고 쉽게 머릿속으로 정리할 수 있도록 설명하는 것이 중요하다. 이 책은 그 설명의 구조를 소개하고자 한다.

메시지 중에서도
가장 중요한 것은 핵심 메시지

계속해서 업무 중 어떤 판단에 이르게 된 이유를 동료에게 메일로 설명하는 상황을 살펴보도록 하자.

전달자 A는 설명 ②와 같이 말한 뒤, 다음과 같은 요청을 덧붙일 수도 있다.

"혹시 지난번 B 씨가 작성한 자료 사본을 메일로 받아 볼 수 있을까요? 그 내용을 바탕으로 팀 전체에 보고하겠습니다."

"그리고 B 씨가 중요하다고 생각되는 포인트를 정리해 주시면 큰 도움이 될 것 같습니다. 납기에 맞춰 대응한 후에는 다른 분의 의견도 참고하여 진행하겠습니다."

이 요청에는 상황에 따른 세 가지 의도가 포함되어 있다.

- 자신이 할 수 있는 부분까지 진행해 보겠다는 것
- B가 작성한 자료를 참고하고 싶다는 것
- B가 생각하는 중요 포인트도 참고하고 싶다는 것

　이 요청에는 하나의 공통 메시지가 존재한다. 바로 납기에 맞춰 대응한 후, 팀원 전체와 상의하고 싶다는 것이다. 전달자 A는 이 메시지를 듣는 사람인 B에게 반복해서 전달하고 있다. 이처럼 복수의 메시지를 하나로 묶는 메시지, 메시지 중에서도 가장 중요한 메시지를 **핵심 메시지**key message라고 한다. 설명에서는 이 핵심 메시지를 온전히 전달하는 것이 매우 중요하다.

　여러 메시지가 무질서하게 나열된 상태에서는 그 내용을 온전히 받아들이기 힘들다. 따라서 그 메시지들을 하나로 묶는 핵심 메시지가 필요하다. 사람은 핵심 메시지는 희미하게라도 기억하며, 그것을 단서로 삼아 관련된 메시지를 떠올리기도 한다. 반대로 메시지 하나를 생각하다가 그것을 하나로 묶는 핵심 메시지를 기억해 내기도 한다. 물론 메시지 A부터 B, C, D 등 수많은 내용을 한꺼번에 파악할 수 있는 사람도 있겠지만, 대부분은 핵심 메시지만 있으면 정보를 수월하게 정리할 수 있다. 인간이 한 번에 받아들일 수 있는 메시지 양에 절대적인 한계가 있는 것은 아니지만, 빠르고 정확하게 전달하려면 메시지들을 하나로 묶는 핵심 메시지가 있는 편이 바람직하다. 따라서 실무에서는 **메시지를 세 가지 정도로 집약하는 편이 듣는 사람도 이해하기 쉽다.**

핵심 메시지는 단순히 정리 메시지가 아니다

여기서 다시 한번 목적별 예시를 살펴보자. 목적에는 그 판단을 내리게 된 복잡한 경위를 알리는 것 외에도 다음과 같은 목적이 있었다.

- 일정이 맞지 않아 동료에게 업무를 부탁하기 위해
- 상사의 지시에 따른 것임을 강조하여 프로젝트를 따내기 위해
- 팀의 불화를 해소할 필요성을 강조하여 함께 업무를 성공시키기 위해

위 목적의 공통점은 무엇일까. 그렇다. 모두 전달하는 이의 목적과 타깃 오디언스의 사정을 고려하면서도 특정 요소를 강조한 메시지를 담고 있다. 수많은 요소나 메시지 속에서 애써 골라낸 것이라고도 말할 수 있다. 핵심 메시지란 전달하는 사람이 듣는 사람을 상상하며 다양한 요소를 추측하고 강조한 것이다. **다시 말해, 핵심 메시지는 단순히 메시지들을 정리한 것이 아니다.** 전달하는 사람의 목적과 타깃 오디언스와의 관계처럼 핵심 메시지

와 복수의 메시지는 양쪽 모두를 고려하여 고른 것이다. 그리고 관계에 따라 강조되는 내용도 달라진다.

설명이란 중요 요소들이 조화를 이루고 유기적으로 균형을 이룰 때 비로소 완성된다. 명확하게 잘 전달되는 설명이란 중요 요소 사이에서 조화와 균형을 실현해 낸 것이라고 할 수 있겠다. 이 책은 그 이상적인 구조를 알려 주고자 한다.

지금까지의 내용을 정리하면 타깃 오디언스, 목적, 그리고 하나의 핵심 메시지를 중심으로 연결된 여러 개의 메시지가 설명의 핵심이라 할 수 있다.

설명의 TPO와
수단·양식

설명의 중요 요소 중 아직 다루지 않은 나머지 두 요소, '어떠한 상황에서'와 '어떻게'에 대해서도 알아보자.

어떠한 상황에서 = TPO

메시지에는 여러 가지 상황을 바탕으로 한 배려가 담겨 있다. 앞서 언급한 예시를 되짚어 보면 제각기 상황이 다르다. 따라서 화자는 상황에 따라 어떠한 메시지가 적합한지 고민하게 된다. 즉 **상황에 따라 메시지는 달라진다.**

'어떠한 상황에서'는 소위 TPO로 바꿔 말할 수 있다. TPO란

Time(시간), Place(장소), Occasion(기회)의 머리글자를 따서 만든 말로 어떤 시간이나 장소, 기회를 뜻한다. 앞서 다루었던 동료에게 한 설명은 업무 중에 일어나는 상황에 대한 예시였는데, 만약 길을 잃고 헤매는 상황에서 같은 설명을 듣는다면 어떨까? 혼자 먼저 처리하는 상황은 제쳐 두더라도, 자료를 받거나 중요 내용을 공유받는 데 있어 메일로만 소통하려 한다면 긴박한 상황에는 어울리지 않는, 다소 느긋한 인상을 준다. 만약 핵심 메시지가 '나중에 팀원 전체와 상의하고 싶다'라면 목적지에 도착하기도 전에 해가 저물어 버릴지 모른다.

이러한 상황에서는 다음과 같은 메시지가 훨씬 현실적이다. '시간이 없으니 혼자 길을 찾아보겠다', '주소 혹은 특정 지점을 전화나 메신저를 통해 알려 달라', '혹여라도 약속 시간까지 도착하지 않으면 먼저 출발해도 좋다'와 같은 메시지 말이다. 이 경우 핵심 메시지는 '나중에 팀원 전체와 상의하고 싶다'가 아니라 '어떻게든 혼자 힘으로 길을 찾아보겠다'가 된다.

어떻게 = 수단·양식

어떻게 전달하느냐에 따라서도 설명은 달라진다. 앞서 등장한 '메일로', '전화로', '구두로', '동영상을 보여 주며', '영어로' 등은 커뮤니케이션의 **수단**이나 **양식**(모드)에 해당한다. 조금 더 구체적으로 살펴보면, 데이터나 사실을 전달하는 순서에 신경 쓰기도 하고, 비슷한 예를 들거나 감정을 자극하는 에피소드를 소개하기도 한다. 또한 사용하는 어휘의 뉘앙스에 공을 들이거나 전문 용어를 사용하지 않고 상대방이 이해하기 쉬운 말로 대체하는 등 수단이나 양식은 다양하고 섬세하게 바꿀 수 있다.

목소리도 중요하다. 목소리의 크기나 리듬, 편안한 느낌을 주는 목소리 톤을 의식할 때도 있으며, 어수선하게 떠들어 대듯 말할 때도 있다. 제스처 역시 수단에 포함된다. 표정이나 손짓, 몸짓, 고개를 끄덕이는 등의 움직임, 의상, 때로는 구취 관리나 향수 사용 여부까지도 메시지를 구성하는 정보가 된다. 이 정보들이 모인 집합체가 바로 메시지다.

이제 설명에 중요한 요소가 어느 정도 갖추어진 듯하다. 정리하면, **타깃 오디언스와 목적 모두를 고려하면서, 핵심 메시지를 중심으로 한 메시지를, TPO에 알맞은 수단과 양식을 통해 전달하는 것. 이것이 명확하게 잘 전달되는 설명을 위해 반드시 필요한 조건이다.** 이 책은 이 핵심 요소들을 정리하여 다룰 수 있는 구조, 세계 표준의 틀(프레임워크)을 설명한다.

설명과 그 외의 커뮤니케이션은 무엇으로 구분할까?

지금까지 설명의 중요 요소에 대하여 살펴보았다. 예시에서 보았듯, 설명은 일상 속에서 매우 자주 접하게 되는 커뮤니케이션이다. 다양한 사례를 다 열거하기 어려울 정도이며, 유형과 빈도만 보아도 설명이 얼마나 중요한지 알 수 있다. 물론 설명의 질이나 수준이 중요한 상황도 많을 것이다. 하지만 설명 이외의 커뮤니케이션도 많다. 다른 커뮤니케이션과 비교했을 때 설명은 얼마나 중요할까.

- 설명에 중요한 요소를 제외시키면 어떤 커뮤니케이션이 될까?
- 설명이 설명으로서 성립하기 위한 기준은 어디까지일까?

설명은 인지가 아닌 이해를 요구한다

우선 타깃 오디언스나 목적을 제외해 보자. 타깃 오디언스를 설정하지 않는 커뮤니케이션은 비유하자면 '혼잣말'에 가깝다. '나' 자신이 화자이자 청자인 경우도 있겠지만 대부분은 그저 생각하거나 느낀 것을 입 밖으로 내뱉는 경우다. '생각이나 감정을 정리하기 위해서'라는 목적은 있을지도 모른다. 모든 혼잣말이 해당하는 것은 아니지만, 이러한 경우라면 어느 정도는 설명에 부합한다고 볼 수도 있다.

그렇다면 "아얏!", "음?", "대단하다!" 등의 말은 어떨까. 만약 타깃 오디언스가 그 말을 들을 수 있는 상황에 있을지라도 그 말이 반사적으로 튀어나온 것이라면 명확한 목적이 있다고는 할 수 없을 것이다. 혼자 있을 때 무심코 나온 말이라면 타깃 오디언스도 목적도 없는 단순한 말에 불과하다. 커뮤니케이션이라 보기 어렵고, 당연히 설명으로도 성립하지 않는다. 바꿔 말하면 타깃 오디언스와 목적이 조금이라도 존재하는 한 설명에 해당할 수는 있겠지만, 둘 중 하나라도 없으면 설명으로 성립하지 않는다.

"어이!", "헤이!" 등은 어떨까? 이 경우 타깃 오디언스가 있다고 가정하며 전달자가 존재한다는 사실을 **인지**시키고자 하는 목적도 있을 수 있다. 하지만 단순히 말을 거는 것으로는 상대방의

이해까지는 얻을 수 없을 것이다. 따라서 우리는 이 예시를 통해 그저 **인지시키는 것만으로는 설명이라 할 수 없으며, 이해를 구하는 것이 설명의 성립 조건**이 된다는 사실을 알 수 있다. 사물이나 상황이 있다는 사실을 인식하지 못하면, 사람은 그것을 이해할 수 없다. 잠시 이론이 필요할 수도 있겠지만, 이 책에서는 인지와 이해의 관계를 이렇게 정의하고자 한다.

조금 이상한 예처럼 들리겠지만, 상황을 하나 상상해 보자. 당신은 B라는 사람에게 이렇게 부탁했다.

"저쪽에 있는 A에게 설명 좀 해 주세요."

그러자 B는 A에게 다가가 "어이!" 하고 말을 건다. 그러고는 당신에게 돌아와 말한다.

"방금 설명하고 왔어요."

당신은 어떤 생각이 들까? 단순히 말을 건 것으로는 A에게 설명했다고 하기 어렵고, 설명했다는 B의 말도(엄밀히 말하자면 보고), 설명이라고 보기는 어렵다고 느껴질 것이다. 즉 설명이 설명이 되기 위해서는 전달자가 분명한 목적을 갖고 타깃 오디언스의 이해를 구해야 한다.

그렇다면 메시지나 TPO, 수단·양식이 없다면 어떨까. 사실 이 질문에 대해서는 없어서는 안 된다는 답이 나올 수밖에 없다. 순서대로 살펴보자.

메시지가 없는 커뮤니케이션이란 없다

설명에서 메시지를 빼면 어떻게 될까. 당연히 그 말의 의미를 제대로 이해하기 어려울 것이다. 사실 인간관계에서 메시지가 없는 커뮤니케이션은 거의 존재하지 않는다. 예를 들어, 전달자가 타깃 오디언스에게 설명한다고 해도, 도저히 의미를 알 수 없거나 이해할 수 없는 경우가 있다. 하지만 사람은 언어를 통해 다양한 메시지를 받아들일 수 있다. 전달자가 하고 싶은 말이 제대로 전달되지 않더라도 듣는 사람은 상상력을 발휘하여 그 말의 의미를 알아낼 수도 있다. 어떠한 메시지든 결국에는 전달될 것이다. 즉, 이해라는 결과를 낳는 설명이 성립되는 셈이다.

전달자가 사용하는 언어를 모를 때도 마찬가지다. 처음 듣는 외국어나 아기의 옹알이 등에서도 듣는 사람은 메시지를 받아들일 수 있다. 오히려 말의 의미를 알 수 없을 때, 듣는 사람은 전달자의 감정을 여러 가지로 상상하며 '기뻐하는 표정을 보니 고맙다는 말인가?'라든지 '기분이 안 좋아 보이는데, 하지 말라는 뜻인가?' 등 메시지의 의미를 알아내고자 노력한다. 사람이 자연스럽게 언어를 배우고, 다른 사람들의 마음을 상상하는 한 메시지는 언제나 생겨난다. 물론 메시지는 있지만, 핵심 메시지가 빠진 설명도 많다. 이런 경우는 설명의 전달력이 떨어지는 '나쁜 설명'

에 그치게 된다.

TPO나 수단·양식은 커뮤니케이션을 성립시키는 물리적·사회적·인식적 조건이라고 할 수 있다. 이 조건들이 없는 커뮤니케이션이란 어떤 것일까? 철학이나 종교적 사유에서나 나올 법한, 이성이나 감정을 초월한 메시지를 생각해 볼 수 있다. 하지만 이 책에서 철학적 탐구는 다루지 않는다. 요약하면 메시지나 TPO, 수단·양식은 설명을 포함하는 커뮤니케이션에 있어 자연스레 갖춰진 것이며 절대 없어서는 안 된다. 앞에서 다룬 설명에서 **중요 요소**는 모두 동시에 갖춰져야 하며 설명에서 **빠뜨려서는 안 되는**, 설명의 필수 조건이라고 할 수 있다.

탁월한 설명을 가능하게 만드는 커뮤니케이션의 응용

지금까지 설명에는 어떤 요소가 중요한지, 무엇이 빠져서는 안 되는지를 살펴보았다. 설명이 갖춰야 할 최소한의 기준을 충분히 파악했다고 가정하고, 이제부터는 설명을 통해 얻고자 하는 커뮤니케이션의 목적에 대해 알아보자. 결론부터 말하자면 **설명은 일상생활은 물론 비즈니스 현장과 국제 사회에서 핵심적인 판단과 결정을 이끌어 내는 커뮤니케이션의 기초**가 된다. 그만큼 중요하다는 점은 두말할 필요도 없다. 앞서 살펴봤듯, 설명은 단순한 발화나 말 걸기와 같은 인지 중심의 커뮤니케이션을 넘어, 상대방의 이해를 목표로 한다. 그렇다면 인지와 이해를 넘어서는 커뮤니케이션을 통해 말하는 이가 궁극적으로 얻고자 하는 것은 무엇일까?

설명이 설득을 가능하게 한다

당구 경기를 잠깐 떠올려 보자. 플레이어가 흰 공을 큐(당구에서 공을 칠 때 쓰는 긴 막대기)로 치면, 흰 공은 굴러가 목표로 한 다른 공에 맞는다. 공이 제대로 맞으면, 맞은 공은 움직인다. 플레이어는 맞은 공의 뒤에 있는 또 다른 공의 움직임까지 예측하며, 힘과 각도, 회전 등 다양한 요소를 고려해 큐를 정교하게 움직인다. 커뮤니케이션도 이와 크게 다르지 않다. 당구에서 목표로 한 공을 칠 때처럼, 핵심 요소를 갖춘 설명은 전달자가 의도한 대로 상대방을 움직이게 하는 힘이 있다.

　이처럼 설명은 듣는 사람을 행동하게 만들려고 하는 의도를 내포하고 있다. 이를 **설득**이라 한다. **인지와 이해 다음에 자리하는, 행동을 이끌어 내는 커뮤니케이션**이다. 설득의 바탕에는 설명이 깔려 있다. 명확하게 잘 전달되는 설명은 상대방이 전달자의 의도대로 행동하도록 이끈다. 서두의 예시를 다시 떠올려 보자. 배우자에게 외도를 의심받아 친구가 찍은 알리바이 동영상을 보여 주며 자신의 결백을 설명하는 상황의 경우는 어떨까. 단순히 배우자의 이해를 구하는 정도로 끝날 문제가 아닐 것이다. 배우자가 의심을 완전히 풀 수 있도록 어떻게든 설득을 해야 한다. 만약 배우자가 당신의 휴대전화를 던지려 한다면 어떻게 해야 할까? 우선은 결백을 증명할 동영상이 휴대전화에 저장되어 있을 테니, 휴대전화를 던지지 않도록 차분히 설명해야 한다. 그리고 함께 동영상을 확인한다. 만약 상대방이 납득하는 분위기라면, "화가 난다고 물건을 던지는 건 좋지 않아. 다음에는 그러지 말자"라고 설득할 수 있다. 선 설명, 후 설득이다. **설명 없는 설득은 불가능하다.** 설명은 그만큼 중요한 커뮤니케이션이다.

설명과 설득이 쌓여 교섭을 가능하게 한다

지금까지 살펴본 설명은 전달자로부터 시작해 듣는 이에게 도달하여 완결되는 커뮤니케이션에 대한 예시였다. 말할 필요도 없이 설명이 끝난 뒤부터는 듣는 이가 새로운 전달자가 되어, 최초의 전달자에게 다시 말을 건네는 상호 커뮤니케이션이 이루어진다. 예를 들어, A가 설명을 하고 나면 B가 그 설명에 관한 질문이나 평가, 제안 등을 한다. A가 그에 답변하기 위해 다시 설명하고, B도 자신의 발언 의도를 설명한다. A는 재차 설명과 더불어 설득을 시도하고 B에게 요구 사항을 전한다. 그리고 다시 B가 A에게 질문한다.

이처럼 설명이 설명을 부르고, 질문이나 평가, 제안, 설득 등이 뒤섞이며 서로의 이해와 행동을 끌어내려는 대화가 오간다.

이렇게 주고받는 행위를 교섭이라 한다. **교섭이란 전달자와 듣는 이가 각자의 바람을 실현하기 위해 주고받는 커뮤니케이션 과정**이라고 할 수 있다.

교섭을 할 때는 사실 관계, 의사, 사무적인 조건을 확인하고 확인한 내용을 어떻게 정리하고 말할지 고민하게 된다. 이 과정에서 논리적인 근거를 제시하거나 이성 또는 감성에 호소하는 등 어떻게 하면 서로가 원하는 바를 손에 넣을 수 있는지 상대와 **의논**한다. 의논은 상황이나 뉘앙스에 따라 상의, 토의, 토론, 협의, 심의, 평의, 논쟁 등 다양한 표현으로 불리기도 한다. 자신과 상대방의 의견 차이가 크면 설득에도 힘이 들어가기 마련이다. 그리고 논의에 해당하는 커뮤니케이션의 토대가 되는 것 역시 설명이다. 외도를 의심받았을 때의 상황이라면, 설명, 설득, 질문과 평가, 제안 등이 뒤범벅되어 격렬한 의논과 교섭이 펼쳐질 것이다.

인간관계는 설명하기 나름

의논과 교섭은 만족할 만한 결과가 나오는가 하면, 만족스럽지 않은 결과가 나올 때도 있다. A는 만족하지만 B는 만족하지 못하기도 하고, 반대로 B는 만족하지만 A는 만족하지 못하는 경우도 있다. 때로는 양측 모두 만족하지 못하기도 하고, 양측 모두 만족할 만한 결과를 얻을 때도 있다. 의논이나 교섭에서 만족스러운 결과가 나왔을 때를 Win, 반대의 경우는 Lose로 구분하면 네 가지 유형으로 나눌 수 있다.

- A가 Win, B가 Lose인 Win-Lose 패턴
- A가 Lose, B가 Win인 Lose-Win 패턴

- A와 B 모두 Lose인 Lose-Lose 패턴
- A와 B 모두 Win인 Win-Win 패턴

이를 도식화하면 다음과 같다.

구분	B는 불만족Lose	B는 만족Win
A는 만족Win	교섭: A만 만족 Win-Lose	화해: 양쪽 모두 만족 Win-Win
A는 불만족Lose	교섭: 양쪽 모두 불만족 Lose-Lose	교섭: B만 만족 Lose-Win

A와 B 모두 Win인 마지막 패턴 외에는 모두 Lose가 포함되어 있다. 즉, 양쪽 모두 Win이 들어가는 패턴은 단 하나뿐이다. 그렇다면 양쪽 모두 Lose인 패턴이나 한쪽은 Win이고 다른 한쪽은 Lose인 패턴에서, Lose인 쪽은 어떤 감정을 느낄까? 다음에 다시 같은 사람과 설명으로 시작하는 의논이나 교섭을 할 상황이 생긴다면, 과연 어떤 마음으로 커뮤니케이션해야 할까? 전과 같은 관계를 유지할 수 있을까, 아니면 이미 관계가 변해 버렸을까?

물론 다양한 상황이나 조건에 따라 의논이나 교섭의 결과도, 그 결과로 인한 영향도 달라질 수 있다. 다만 필자인 나를 포함해 많은 사람이 마주하는 설명의 상황은 결코 쉽거나 단순하지 않다. 또한 설명 자체의 좋고 나쁨이나 적절성보다는 애당초 듣는 사람이 설명 자체를 받아들이려 하지 않는 상황도 있을 것이다.

외도를 의심받아 설명하는 예시에서, 오히려 상황이 악화되거나 아예 설명조차 시도할 수 없는 경우를 상상해 보자. 외도를 의심받은 상황이 처음이 아닌 탓에 신뢰를 잃었고, 배우자가 더 이상 설명을 들으려 하지 않는다. 지난번 의심받았을 때는 설명이 부족했으며, 거짓이 섞여 있었다. 또 전달 방식에 성의가 느껴지지 않았다. 결국 화를 못 이긴 배우자가 해명의 기회조차 주지 않고, 언어 외적인 방식으로 갈등을 표출하기 시작한다.

애초부터 설명 자체를 시도할 수 없는 상황에서는 설명의 핵심 요소나 전달 방식은 아무런 의미가 없다. 하지만 의심을 풀 수 있는 동영상이라는 자료가 있고, 이를 설명의 핵심 요소와 함께 균형 잡힌 구조로 정리한 다음, 배우자에게 성의를 담아 제대로 전달했다면 어땠을까? 이 사건이 오히려 관계 회복의 전환점이 되었을 가능성도 있다.

한마디로 인간관계는 설명하기 나름이라는 말이다. 설명은 전달하는 사람과 듣는 사람 간 커뮤니케이션의 초석이 되기에 대립의 원인이 되기도 하며, 화해를 하기 위한 수단이 되기도 한다. 설명을 전하거나 받아들이는 것의 전제 조건인 **인간관계를 무너뜨리는 것도, 회복하는 것도 설명에 달렸다**고 할 수 있지 않을까.

업무 중 어떤 판단에 이르게 된 이유를 동료에게 메일로 설명하는 예시와 함께 목적의 예를 생각해 보자. 앞서 살펴본 예시에는 모두 특정한 이유가 있었다.

- 판단에 이르게 된 복잡한 경위를 알리기 위해 → 설명
- 일정이 맞지 않아 동료에게 업무를 부탁하기 위해 → 교섭
- 상사의 지시를 받은 점을 강조하여 그 프로젝트를 따내기 위해 → 설득
- 팀의 불화를 해소할 필요성을 강조하여 함께 업무를 성공시키기 위해 → 화해

설명이 목적에 따라 설득, 교섭, 화해 등으로 확장될 수 있다는 것을 보여 주기 위해 이와 같은 예시를 소개했다. 다시 강조하자면, 이 책은 전달자도 듣는 이도 인간이라는 점을 전제로 한다. 설명은 인간관계의 산물이라고 할 수 있다. 또한, 인간관계로 구성된 조직인 회사 역시 설명을 기반으로 한 커뮤니케이션으로 유지된다. 이제 여러분에게 설명이란 무엇인지, 그 목적은 무엇인지, 그리고 설명이 얼마나 중요한지 전하고자 한다. 이 메시지, 바로 **설명력은 구조로 결정된다**는 것이 전달자인 나로부터 독자이자 타깃 오디언스인 여러분에게 잘 전달되기를 바란다.

설명의 구조란?

사람은 설명을 들을 때, 정보를 정리하면서 설명을 이해하려고 한다. 그때 정리가 제대로 되지 않으면 설명을 제대로 이해할 수 없다. 그래서 듣는 사람은 되묻거나 질문함으로써 내용을 이해하려고 한다. 만약 그 자리에서 설명을 이해하지 못했다면 나중에 다시 물어보기도 하고, 혼자 생각하고 정리해 보며 설명을 이해하기 위해 노력한다. 그러다 보면 종종 오해가 생기기도 한다. 이는 듣는 사람이 충분히 이해하지 못했기 때문일 수도 있지만, 설명이 명확하지 않았던 전달자에게 원인이 있는 경우도 많다.

사람 사이의 커뮤니케이션, 인간관계의 산물인 설명이 항상 절대적이고 완벽한 이해로 이어진다고 할 수는 없다. 커뮤니케이션에는 언제나 부족함이나 해석의 차이가 존재하며, 상황에 따라서는 운이라는 요소가 존재하기도 한다. 그런 인간관계에서 불완전하면서도 양쪽 모두가 납득할 만한 수준의 정보를 주고받는 것을 목표로 한다면, 일단은 설명력이 필요하다. 대충이라고 하면 부족해 보일 수 있으니, 그보다는 적당히 하는 것이 중요하다. 완벽하지 않더라도 '적당히' 전달할 수 있다는 여유가 설명 기반 커뮤니케이션을 안정적으로 만드는 비결 아닐까. 그 여유로 인간관계가 지속된다. 인간관계가 진전되면 자연스럽게 커뮤니케이션에는 유머나 장난의 요소도 들어가기 마련이다. 하지만 우선 서로가 합의점에 도달할 만한 내용의 설명을 주고받는 것이 중요하다.

단도직입적으로 본론에 들어가고자 한다. 설명이 성공하려면 결국, 전달하는 이와 듣는 이가 설명을 이해하기 위한 정리법을 공유하면 되지 않을까? 전달하는 사람과 듣는 사람이 머릿속에서 같은 방법으로 정리하고, 또 그 정리한 내용에 따라 필요 요소를 확인한다면 설명은 순조롭게 진행될 것이다. 그리고 그 정리법을 공통의 기준으로 삼으면 설명의 합의점도 드러날 것이다.

이러한 가설을 세우면, 설명은 전달하는 사람과 듣는 사람 간 인간관계에서 파생되며, 공통된 정리법, 즉 구조에 의해 결정된다는 결론에 이르게 된다. 물론 이 책에서 다루는 구조는 철학적 또는 사상적 의미의 구조주의나 탈 구축 같은 개념을 말하는 것이 아니다. 여기서 말하는 구조는 우선 경영이나 비즈니스 등의 세계에서 자주 쓰이는 프레임워크나 메소드, 정리법과 같은 도구로 이해해 주길 바란다.

역피라미드형 논리 구조

이러한 구조나 정리법, 프레임워크의 대표적인 예로 **역피라미드형 논리 구조**를 들 수 있다. 이는 **역피라미드 법칙, 역피라미드형 정보 전달** 등으로 불린다. 설명을 할 때, 배경 정보를 설명한 후에 원인이나 이유를 언급하고, 마지막으로 결론을 말하는 방식은 일반적인 피라미드형이다. 반대로 가장 중요한 결론을 먼저 언급하고, 다음으로 원인이나 이유를 설명한 후에 배경 정보 등을 전달하는 방식이 역피라미드형이다.

    미디어 등에서 자주 접하는 기사, 그중에서도 짧은 보도문은 대부분 역피라미드형 순서로 전개되는 경우가 많다. 뉴스 보도처럼, 시간이 없는 사람도 앞부분만 집중해서 들으면 전체 개요나 핵심을 빠르게 파악할 수 있도록 구성된 방식이다. 효율성이 중시되는 비즈니스나 실무 현장에서도 이 구조는 효과적인데, 역피라미드형 구조는 한마디로 **결론 먼저 말하는 방법**이라고 할 수 있다.

설명은 길수록 이해하기 어렵다. 단순히 앞부분에서 말한 부분을 마지막까지 기억하게 만드는 것은 힘들다. 컴퓨터라면 가능할지도 모르겠지만, 대부분의 사람은 설명이 길면 길수록 이해하기 어려워한다. 기억뿐만 아니라 정보의 정리도 마찬가지다.

나는 중학교 시절 영어 수업에서 이 **역피라미드형 구조**를 처음 알게 되었다. 나처럼 이 구조를 영어권 커뮤니케이션의 기본으로 배운 사람도 많을 것이다. 중학생이었던 나에게도 소개될 만큼 역피라미드형 구조가 널리 알려진 것은, 이 구조가 커뮤니케이션의 기초에 해당하는 설명에서도 도움이 되기 때문일지도 모른다.

PREP 법

PREP 법이라는 구조도 널리 알려져 있다. PREP는 Point(포인트·요점·결론), Reason(이유), Example(예시), 마지막으로 다시 Point(재강조)로 구성된다. 먼저 핵심 메시지를 언급하고, 그 이유와 이를 뒷받침하는 사실, 데이터, 수학, 에피소드 등을 소개한 후, 마지막으로 한 번 더 메시지를 반복하여 핵심을 강조하고 기억에 남게 하는 방법이다.

PREP의 장점은 특히 이 P에 해당하는 포인트·요점·결론을 반복하는 것이다. 조금 전 다룬 역피라미드형도 결론을 처음에 언급하여 강조하지만, PREP 법은 이를 시작과 끝에 두 번 반복해 기억에 더욱 강하게 남도록 한다. 거기에 R(이유)이나 E(예시) 등을 언급하는 PREP 법의 구조는 설명을 알기 쉽게 하고 기억하는 데에 도움을 준다.

SDS 법

SDS 법이란 Summary(요약·개요), Detail(상세 내용), 다시 Summary(요약·개요)의 순서로 구성된 설명 방식이다. 핵심 내용을 정리해 끝에서 다시 강조하는 구조다. 앞에서 다룬 PREP 법보다도 D에 해당하는 상세 내용이 자유로운 구조로, 포인트·요점·결론이나 요약·개요도 중요하지만, 이유나 예시·증거를 포함한 상세 내용에 더 큰 비중을 둔다. 설명에서 중요한 내용을 강조하려면, 반드시 충분한 상세 설명이 뒷받침되어야 한다.

설명의 구조에는
세계 표준이 있다

역피라미드형, PREP 법, SDS 법 등의 구조는 비단 한 곳에서만 통용되는 방법이 아니다. 명칭 역시 영어 단어의 앞 글자를 따온 것이니, 영어권에서도 널리 사용되는 것은 당연하다. 이 책은 일본어로 썼지만, 일본어 화자뿐만 아니라 전 세계 사람들을 주 독자로 삼고 있다. 따라서 이 책에서 소개하는 구조는 국내는 물론 해외에서 이루어지는 모든 커뮤니케이션에서도 충분히 유효한 설명 구조라고 할 수 있다. 필자 또한 해외 커뮤니케이션 현장에서 이 구조를 활용해 왔고, 현재도 활용하고 있다.

설명이라는 커뮤니케이션의 구조는 국경이나 국적, 언어, 문화를 초월하는 보편적인 요소가 있다. 앞으로 이 책에서 소개하는 내용은 세계적으로 널리 쓰이며 실제 필자도 활용하고 있는 설명의 구조에 대한 것이다. 그리고 그 구조를 활용하면 세계 표준에 부합하는 설명이 가능하다는 것이 이 책의 취지다. 그 구조의 이름은 바로 **메시지 하우스**다.

메시지 하우스는 역피라미드형, PREP 법, SDS 법 등 대표적인 설명법과 관련된 구조의 장점은 물론, 지금까지 살펴본 설명의 중요한 요소까지 모두 포함한다. 이를 그림으로 나타내면 다음과 같다. 다음 장에서 이 메시지 하우스에 대해 자세히 들여다보자.

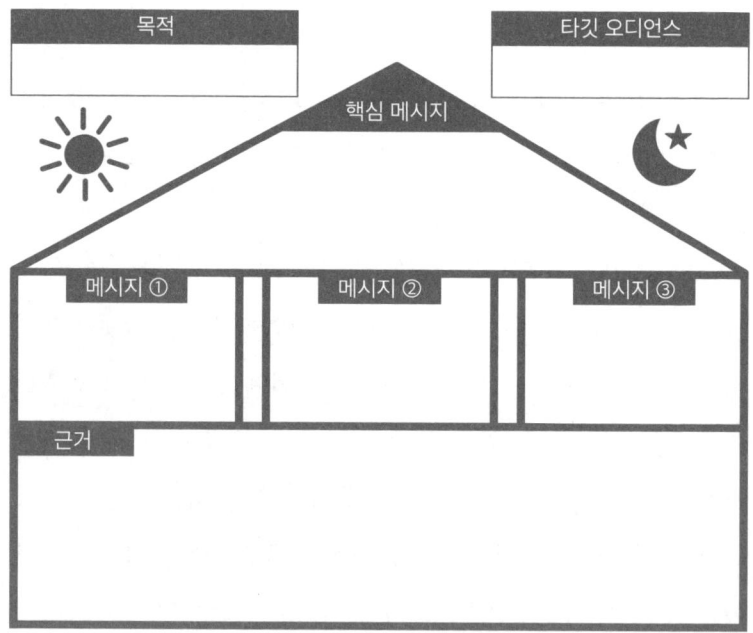

2장

세계 표준의
설명 구조,
메시지 하우스란?

메시지 하우스는 세계 표준

미국의 코칭 회사 메시지 하우스MessageHouse.org 사에 따르면 메시지 하우스의 기원이나 고안자에 대해서는 정확하게 알려진 바가 없다. 이 프레임워크를 처음 제안하고 사용한 사람이 누구인지 아무도 모른다.

메시지 하우스 사는 비즈니스 소셜 네트워크인 링크드인LinkedIn을 통해 전 세계 커뮤니케이션 전문가 5만 명을 대상으로 흥미로운 조사를 진행했다.

"메시지 하우스에 대해 들어본 적이 있습니까?"

"핵심 메시지 전달을 위해 조직이나 팀에 메시지 하우스의 사용을 제안한 적이 있습니까?"

이 질문에 대해 전체 응답자의 4분의 1은 "사용한 적이 있다"라고 답했고 3분의 1은 "들어본 적이 있다"라고 답했다. 메시지 하우스 사가 온라인에서 무료로 배포하는 메시지 하우스 템플릿은 2022년 말 기준으로 65개국 이상, 7,500개 이상의 기업, NGO/NPO, 정부 기관, 개인이 다운로드했다. 영리 기업으로는 애플, 마이크로소프트, 네슬레, 롤스로이스, 알리바바, 테트라팩, 오라클, BASF(세계 최대 규모의 종합 화학 제조 회사), 보잉, 히스로 공항, SAP(유럽 최대 규모의 소프트웨어 회사), 쉘 등이 있다. 공공 기관으로는 미국 국무부, 뉴질랜드 아동부, 세계은행, 국제연합, 그린피스 등이 있다. 이처럼 수많은 조직이 메시지 하우스를 활용하고 있다.

세계 유수의 기업들이 도입한 메시지 하우스는 대체 어떤 것일까? 실은 매우 간단하다. 1장에서도 언급했듯이 메시지 하우스는 단 하나의 그림으로 이루어져 있다. 메시지 하우스는 즉시 활용할 수 있으며 실제로 많은 사람이 다양한 분야에서 바로 사용하고 있다. 이러한 간편함과 실용성 덕분에 메시지 하우스는 전 세계에서 널리 사용되고 있다.

메시지 하우스를 누가 만들었는지 알 수 없지만, 이 책에서 사용하는 메시지 하우스는 필자가 재구성한 일종의 개정판이라고 할 수 있다. 국내외 영리·비영리 기업을 막론하고 다양한 현장에서 정보 전달의 핵심 도구로 사용하며 반복적으로 학습하고 다듬은 것이다.

메시지 하우스의 구성

메시지 하우스의 하늘 왼쪽에는 태양, 오른쪽에는 달과 별이 빛나고 있다. 태양은 낮을, 달과 별은 밤을 상징하며, 이 둘은 하루를 이루는 두 축이다. '아침이 오지 않는 밤은 없다'라는 말처럼 반드시 해는 뜨고, '해는 다시 저문다'라는 표현처럼 밤도 반드시 찾아온다. 하우스의 하늘에는 언제나 태양과 달, 별들이 번갈아 떠오르며 집과 그 안의 주인을 지켜보는 듯한 이미지가 담겨 있다. 이것은 설명이라는 커뮤니케이션에서 가장 중요한 요소인 은유, 즉 메타포metaphor라고 할 수 있다.

여기서 태양은 목적, 달과 별은 타깃 오디언스를 뜻한다. 복습하자면, 설명에서 가장 중요한 것은 전달자의 목적과 타깃 오디언스의 상황, 즉 두 가지를 함께 고려하는 것이었다. 때때로 타깃 오디언스는 한 명보다 불특정 다수를 지칭할 때가 많으므로 달과 함께 별을 이미지로 표현했다.

그리고 '왜'에 해당하는 목적(태양)과 '누구'를 뜻하는 타깃 오디언스(달과 별)를 향해 솟아 있는 것이 메시지 하우스의 지붕, 바로 핵심 메시지다. 설명에서 중요한 요소인 '무엇'에 해당하는 것이 핵심 메시지이며 이를 제대로 전달하는 것이 설명에서 가장 중요하다.

아래로는 세 개의 기둥이 지붕을 떠받치는데, 이는 핵심 메시지를 지탱하는 것, 메시지라고 한다. 다른 말로 **'토킹 포인트**talking point'라고 부르며 이야기의 핵심 포인트를 뜻한다. 기둥은 반드시 세 개여야 하는 것은 아니지만, 실무에서 정보 전달자와 수신자 모두 쉽게 이해하고 기억하기 위해 보통 세 개로 설정한다. 물론 긴 설명의 경우에는 다섯 개, 때로는 열 개의 기둥, 바꿔 말하면 열 개의 메시지가 하나의 핵심 메시지를 지지하는 구조도 있으며, 이 경우에도 메시지 하우스는 성립한다.

마지막으로 집의 지붕과 기둥을 떠받치는 토대가 있다. 토대는 데이터, 사실, 수치·통계, 전문가나 고객, 시민, 유명 인사의 코멘트 등으로 구성된다. 그리고 이를 통틀어 근거evidence라고 부른다.

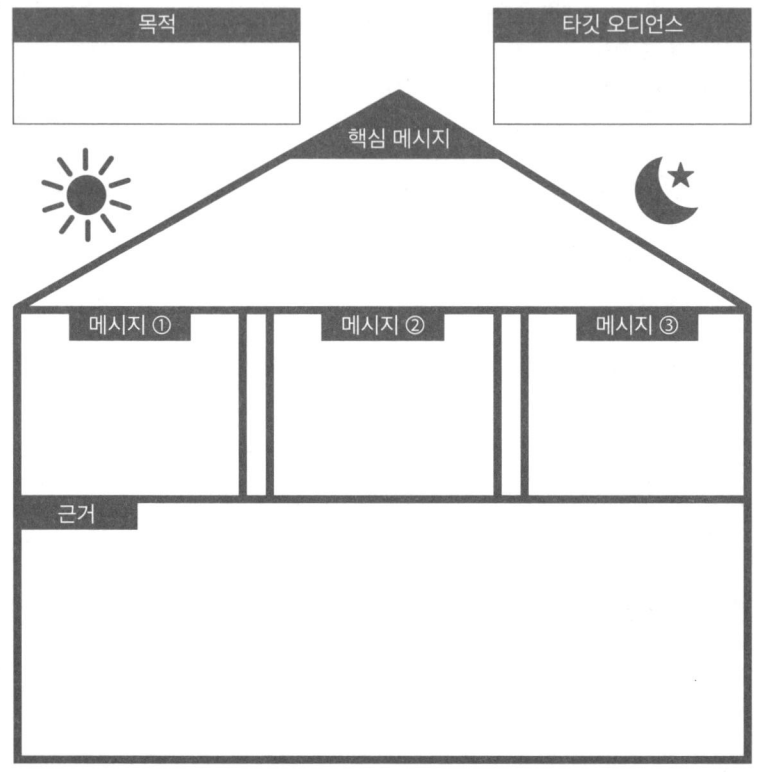

 그런데 설명의 중요한 요소 중 '어떠한 상황에서'에 해당하는 TPO와 '어떻게'에 해당하는 수단·양식은 메시지 하우스 구조 안에 포함되지 않는다. 메시지 하우스를 처음 고안한 사람이 누구인지 알 수 없기 때문에, 그 의도까지 파악하긴 어렵지만 필자 역시 개정판에서 이 두 요소를 넣지 않았다. 그 이유는 TPO와 수단·양식은 외부 조건으로 주어지는 경우가 많기 때문이다. 그리고 메시지 하우스의 장점이기도 한 단순함을 잃지 않기 위해서이기도 하다. 물론 수단·양식을 집 옆에 놓인 자동차나 자전거처럼, 메시지를 어떻게 전달할지 보여 주는 요소로 사용할 수 있다. TPO는 결국 집 주변의 환경(나무와 꽃, 정원 등)에 비유할 수 있다.

참고로 메시지 하우스의 비유는 앞서 살펴본 대로 설명에 반드시 포함되어야 할 요소와 그렇지 않은 요소를 구분하는 기준도 제시한다. 예를 들어, 설명에서 목적과 타깃 오디언스가 절대 빠져서는 안 된다는 점은 이미 확인했다. 마찬가지로 태양이나 달, 별이 없는 하늘은 존재하지 않는다. 구름에 가려져 있어도 낮에는 달과 별이 숨어 있고 밤에는 태양이 잠시 물러나 있는 것뿐이다. 반면 핵심 메시지에 해당하는 지붕이 없더라도 집 자체는 일단 세울 수 있다. 하지만 기둥(메시지)이 없거나 토대(근거)가 없다면 그것은 더 이상 집이라 부를 수 없을 것이다.

이처럼 메시지 하우스는 매우 간단하다. 집이라는 이미지를 통해, 자신이 중요하다고 여기는 메시지의 구성 방식이나 전달 순서, 근거 마련 방법을 한눈에 파악할 수 있다. 이 간단함이 메시지 하우스의 강점이다. 다만 제대로 사용하기 위해서는 몇 가지 기술과 연습이 필요하다. 이제 메시지 하우스의 사용법과 효과적으로 활용하는 기술에 대해 살펴보자.

메시지 하우스 사용법

메시지 하우스는 간단한 그림으로 이루어져 있으므로 자유롭게 끄적이며 작성해도 좋다. 내용을 고치거나 지우기 쉽도록 펜보다는 연필 사용을 추천한다. 기본 도식은 부록에 있으니, 사용법을 익힌 뒤 활용해 보길 바란다.

작성 가능한 부분부터 자유롭게 채워 나간다

- 메시지 하우스를 작성할 때는 반드시 이 요소부터 적어야 한다.
- 메시지 하우스는 반드시 정해진 순서대로 항목을 채워 나가야 한다.

메시지 하우스를 작성할 때 위처럼 반드시 지켜야 할 고지식한 규칙은 없다. 문장을 쓰거나 제안서를 작성할 때도 마찬가지겠지만, 처음부터 큰 틀이 정해져 있는 경우가 있고 반대로 세세한 부분을 먼저 다뤄야 할 때도 있다. 따라서 추천하는 방법은, 우선 이미 알고 있거나 결정된 요소가 있다면 그 요소부터 하나씩 채워 가는 것이다. 그런 다음, 부족하거나 결정되지 않은 요소 등을 그림 속에서 비어 있는 공간으로 시각화해 파악하면 된다. 어디에 끼워 넣어야 할지 몰랐던 퍼즐 조각도, 다른 조각이 먼저 맞춰지면 그제야 자리가 보이듯 말이다. 머리는 비우고 손을 먼저 움직여 놀이하듯 채워 나가자. 자유롭게, 마음 가는 대로 아이디어를 발산해 보자.

요소들 사이에서 관련성을 발견한다

그저 생각나는 대로 요소들을 모으는 데 그치지 말고, 그 사이에서 연결 고리를 발견하는 것이 중요하다. 연결 고리가 보이기 시작하면 부족한 요소도 보이기 시작한다. **메시지 하우스 내 요소는 유기적으로 관련을 맺으며 시너지를 만들어 낼 수 있다.** 예를 들어, 핵심 메시지는 복수의 메시지(토킹 포인트)로 뒷받침된다. 다시 말해, 복수의 메시지는 공통의 핵심 메시지를 지지하는 요소가 되어야 하며, 서로 조화를 이루어야 한다.

그리고 핵심 메시지를 포함한 메시지는 많은 근거로 뒷받침되어야 타깃 오디언스에게 설득력을 가질 수 있다. 물론 어떠한 증거가 중요하고 도움이 되는지 판별하려면 각 근거가 메시지를 어떠한 방식으로 뒷받침하는지 파악할 필요가 있다. 타깃 오디언스를 설정하는 것도 중요하다. 어떤 타깃이 적절한지 여부는 목적이 명확할 때 판단할 수 있으므로, 목적 설정이 우선이다.

적절한 요소들은 서로가 서로를 뒷받침하는 상호 의존 관계에 있다. 이 연결 고리를 잘 조절하여 얼마나 좋은 시너지를 이끌어 내느냐가 메시지 하우스 전체에 대한 평가에도 영향을 미친다.

우선순위를 고려해 완성한다

이처럼 아이디어를 발산하고 난 후, 유기적으로 전체와 부분이 조화를 이룰 수 있도록 구성 요소를 모으는 단계가 필요하다. 이 단계에서는 아이디어를 자유롭게 떠올릴 때처럼 막연하게 접근하기보다, 우선순위를 고려해 각 요소를 균형 있게 조율해야 한다.

메시지 하우스를 구성하는 요소 중에서 우선순위가 가장 높은 것은 역시 태양에 해당하는 목적과 달과 별에 해당하는 타깃 오디언스다. 이 두 요소가 흔들림 없이 메시지 하우스를 구축해야 한다. 그다음으로는 지붕에 해당하는 핵심 메시지, 기둥에 해당하는 메시지(토킹 포인트), 이 모든 요소를 뒷받침하는 토대인 근거 순이다. 만약 우선순위를 결정하지 않고 요소를 작성하면 하나의 근거나 사례에 맞추기 위해 목적 자체를 바꿔야 하는 일이 생길 수 있다. 이는 본말이 전도된 것이다. 무엇보다도 설명을 할 때, 목적과 타깃 오디언스를 제일 먼저 설정해야 근거나 사례의 적합성을 판단할 수 있다.

요소 자체만으로 가치가 있어 보여도 우선순위에 따라 메시지 하우스의 구성에서 과감히 제외해야 하는, 이른바 다듬기 작업이 요구되는 경우도 많다. 예를 들어, 기억에 남을 만한 흥미진진한 에피소드가 있다고 해 보자. 근거가 되는 그 에피소드가 목적이나 타깃 오디언스를 바탕으로 설정된 핵심 메시지와 이를 구성하는 메시지를 전달하는 데 오해를 불러일으킬 가능성이 있다면, 과감하게 제외해야 한다. 하지만 종종 겨우 마련한 에피소드가 아깝다거나 꼭 말하고 싶다는 이유로 설명과 별 관련이 없는 에피소드를 넣는 경우가 있다. 결국 설명의 핵심이 흐려지고, "그러니까, 결국 어떻게 하라고요?", 심한 경우 "시간 낭비였네"라는 반응이 나올 수 있다.

다듬기 작업을 거치면 억지로 끼워 넣은 부분이나 불필요한 요소는 줄이고, 누락이나 중복 없이 깔끔한 메시지 하우스를 완성할 수 있다. 다음 세 가지 단계를 의식하는 것이 효율적이고 최적의 메시지 하우스를 만들기 위한 비결이다.

- 작성할 수 있는 부분부터 자유롭게 작성한다.
- 요소 사이의 관련성을 찾는다.
- 우선순위를 고려해 완성한다.

해상도를 조정하며 완성한다

또 하나 중요한 점은, 지금까지 소개한 세 가지 단계를 한 번만 실행하는 데 그치지 않고, 각 과정을 여러 번 반복하며 조정하는 작업을 거쳐야 한다는 것이다. 이 과정이 바로 마지막 단계에 해당한다. 이때의 핵심은 요소의 해상도다. 해상도는 구체성, 입자의 크기 등으로도 표현할 수 있는데, **메시지 하우스가 실제로 실무에 도움이 되려면 각 요소가 현실적이고 적절한 수준으로 구체화되어야 한다.**

해상도라는 말은 예전과 달리 실무에서 더 자주 접할 수 있다. PC나 스마트폰 화면을 보며 읽고 쓰는 일이 일상이 된 요즘, 영상 데이터를 적절한 해상도로 다룰 때의 이점은 잘 알려져 있다. 해상도가 지나치게 낮으면 영상이 깨져서 알아보기 힘든 반면 데이터 용량은 줄어든다. 커뮤니케이션에 빗대어 보면, 전달하는 사람의 메시지가 두루뭉술해서 이해하기 힘든 한편, 해석의 여지가 크기 때문에 듣는 사람 쪽에서는 무슨 말인지 알 듯 말 듯 한 기분이 들 수도 있다. 즉 '과녁 자체는 크지만, 흐릿해서 정중앙을 맞히기 어렵다'라는 문제가 생긴다.

반대로 해상도가 지나치게 높으면 영상은 선명하여 세세한 부분까지 잘 보이는 반면 데이터 처리량이 많아져 무거워진다. 마찬가지로 커뮤니케이션에 적용해 보면 전달하는 사람의 메시지가 명확하고 구체적이므로 이해하기 쉬운 한편, 해석의 여지가 적어 어려운 부분에서 막히면 듣는 사람은 전체 내용을 제대로 이해하기 어려울 수 있다. 즉 '과녁 자체는 또렷하게 잘 보이지만, 너무 작아서 정중앙을 맞히기 힘들다'라는 문제가 생긴다.

예를 들어, 제품을 판매한다고 생각해 보자. 타깃 오디언스를 '국내에 사는 사람'처럼 해상도를 낮게 설정하면 어떨까? 제품의 장점이나 필요성을 알리는 메시지도 어느 정도는 두루뭉술해야 많은 사람에게 자기 일처럼 느껴지도록 할 수 있으며, 제품의 매력을 전달하기 쉽다. 반대로 타깃 오디언스를 '서울시 강남구에 5년 이상 거주하고 있는 40대 전후의 남성 자영업자로 철인 3종 경기에 진심인 사람'으로 해상도를 굉장히 높게 설정한 경우는 어떨까? 전달하려는 메시지는 타깃 오디언스의 조건에 맞춘 분명하고 구체적인 내용이어야 한다. 그래야만 타깃 오디언스가 자기 일이라고 여길 것이다. 타깃 오디언스를 넓고 포괄적으로 설정하면 온라인 영업에서는 큰 무리가 없지만, 타깃 오디언스의 폭이 매우 좁은 경우에는 온라인보다는 직접적인 대면 영업이 더 적합할지도 모른다. 이는 설명 방식이나 전달 수단에도 영향을 주기 때문이다.

메시지 하우스의 요소를 설정할 때도 해상도는 지나치게 높거나 낮지 않은, 설명에 적절한 수준으로 설정할 필요가 있다. 적절함의 기준은 목적 실현이 가능한가에 달려 있다.

예를 들어, 여름 축제에 참가하는 사람이 그저 '마실 것을 팔고 싶다'처럼 어정쩡한 목적을 갖고 있다면 타깃 오디언스의 설정도 어정쩡하게 '입장객 전원' 정도가 된다. 반대로 타깃 오디언스가 '술을 마시고 싶어 하는 중장년 남성'처럼 특정되어 있으면 판매 품목도 단순히 '마실 것'이 아니라 '맥주 등의 알코올음료'로 특정해야 술을 마시고 싶어 하는 중장년 남성의 니즈에 맞출 수 있다. 또한 메시지도 '수분 섭취하세요'처럼 어중간한 해상도가 아닌, '축제에는 역시 시원한 맥주!' 정도로 설정하는 것이 적절하다. 이처럼 해상도의 관점에서 요소 자체의 충실함과 관련성, 시너지 등을 검토할 때 메시지 하우스는 비로소 형태를 갖추게 된다.

· 연습 ·
면접에서 자신의 강점을 설명하는 경우의 메시지 하우스

그럼 잠시 1장에서 소개한 '면접에서 자신의 강점을 면접관에게 구두로 설명하는 상황'을 예로 연습해 보자. 조금 더 구체적으로 설정하면, 이직을 위한 면접이며 모집 직종은 전국을 돌며 국내 고객을 상대하는 영업직이다.

첫 번째 단계부터 생각해 보자. 우선은 자유롭게 놀이하듯, 생각나는 대로, 손이 움직이는 대로 메시지 하우스에 내용을 채워 넣자. 이 예제에서는 어떠한 목적(태양)과 타깃 오디언스(달과 별)를 설정할 수 있을까? 가장 전하고 싶은 말인 핵심 메시지(지붕)나 전달하고자 하는 메시지(기둥)부터 먼저 채워도 전혀 문제없다. 또는 면접관에게 강조하고 싶은 사실이나 수치, 에피소드 등의 근거(토대)부터 나열해도 좋다.

목적(태양)은 당연히 '면접에서 합격하는 것'이다. 타깃 오디언스(달과 별)는 말할 것도 없이 '면접관'이다. 여기까지는 어렵지 않게 적을 수 있다. 핵심 메시지(지붕)는 어떨까?

'합격시켜 줬으면 좋겠다', '꼭 합격하고 싶다'는 표현도 나쁘지 않지만, 다소 자기중심적으로 보일 수 있어 타깃 오디언스의 시선을 의식하지 않은 것처럼 비칠 수 있다. 따라서 자신의 목적뿐만 아니라 적절한 인재를 선택하고 싶어 하는 타깃 오디언스와 회사의 사정까지 고려하면 '나는 채용 포지션에 적합한 인재다'와 같은 표현이 더 나을 수 있다. 이 부분까지 작성했다면 다양한 표현을 고민해 볼 수 있겠지만, 우선은 마음 가는 대로 다른 항목도 채워 넣어 보자.

'나는 채용 포지션에 적합한 인재다'라는 핵심 메시지를 뒷받침할 메시지(토킹 포인트)에는 어떤 내용이 들어가면 좋을까? 당장 떠오르지 않아도 괜찮다. 크게 문제 되는 것은 아니다. 그럴 때는 근거(토대)에서 생각나는 내용을 적어 넣도록 하자.

근거(토대)는 지금까지 설명한 목적이나 타깃 오디언스, 핵심 메시지를 바탕으로 작성해도 좋으며, 혹은 그것들을 고려하지 않은 상태에서 자신의 강점이나 차별화 요소를 자유롭게 나열해도 좋다. 내용 전체의 타당성 확인이나 수정은 다음 단계에서 진행하면 된다. 우선은 발산하는 것이 중요하다. 자유롭게 놀이하듯 끄적여 보자. 예를 들어, 다음과 같은 항목을 썼다고 가정해 보자.

- 해외 근무 경험 있음
- 영업 목표 50퍼센트 초과 달성 경험 있음
- 체력에 자신 있음
- 의욕만큼은 누구에게도 지지 않음
- 영화 동아리 경험 있음
- 삼 형제 중 막내
- 사람들과 대화하는 것을 좋아함
- 온천·사우나를 좋아함

이 중에는 다른 요소와 어떻게 연결될지 지금 단계에서는 알 수 없는 것도 섞여 있다. 이렇게 모은 요소로 작성한 메시지 하우스는 다음과 같다.

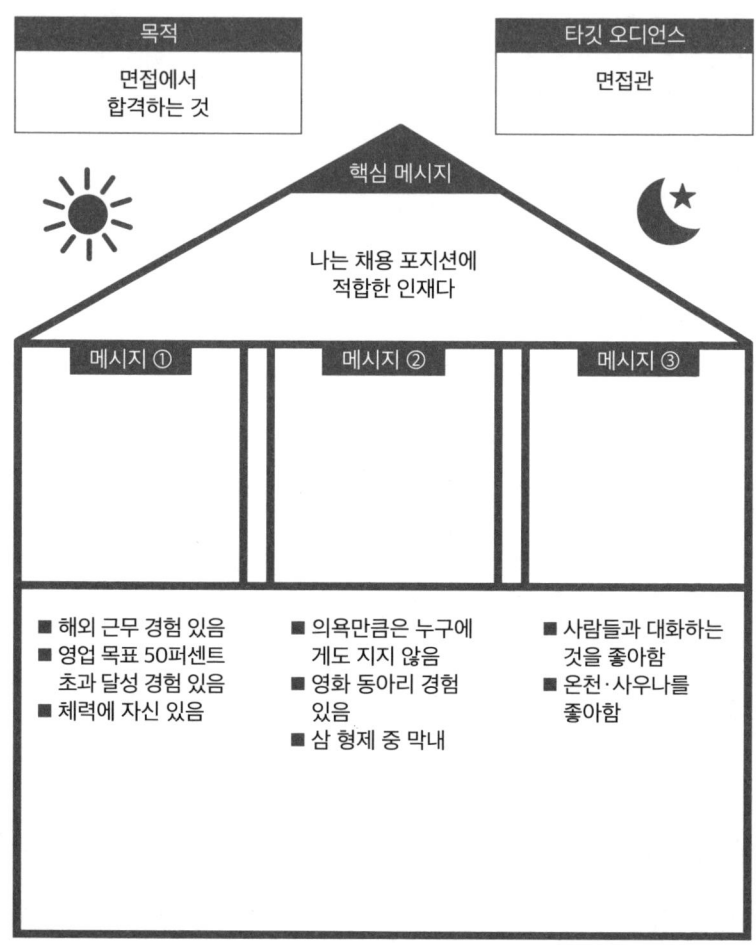

다음은 두 번째 단계다. 이번에는 다른 요소와의 관련성과 시너지를 고려하며 검토한 후 모든 요소를 채워 나간다. 슬슬 핵심 메시지와 근거 항목은 감이 잡히기 시작했겠지만, 그것들을 연결하는 기둥인 메시지(토킹 포인트)가 아직 설정되지 않았다. 지금까지 자유롭게 나열한 근거 중, 목적이나 타깃 오디언스, 핵심 메시지와 관련 있는 항목을 토대로 기둥이 될 메시지를 만들어 보자. 우선 '영업 목표 50퍼센트 초과 달성 경험 있음'이라는 근거를 기준으로 '영업직에서의 실무 경험이 풍부하다'라는 메시지를 만들 수 있다. 또 '사람들과 대화하는 것을 좋아함'이라는 근거를 바탕으로 '사람들과 대화하는 것을 좋아하므로 영업 업무에 적합하다'라는 메시지를 쓸 수 있다. 그리고 '체력에 자신 있음'이라는 근거를 토대로 이번 채용처럼 전국을 돌아다닐 수 있는 체력이 관건인 포지션에서 매우 중요한 메시지인 '체력에 자신이 있다'라는 메시지로 이어진다.

이 과정에서는 아직 사용하지 않은 근거도 지우지 않고 남겨 뒀다. 왜냐하면 작업 과정에서 새로운 아이디어가 떠오르면 조금씩 시각을 달리해 봄으로써, 아직 사용하지 않은 근거가 다시 생각 나는 경우도 있기 때문이다.

검토할 선택지를 늘리고 항목 간의 시너지를 도모하기 위해, 1단계에서는 최대한 자유롭게 놀이하듯, 때로는 즐기듯이 작성해 본다. 이것이 커뮤니케이션의 묘미이지 않을까. 다음 도식은 지금까지의 작업 과정에서 완성된 메시지 하우스다.

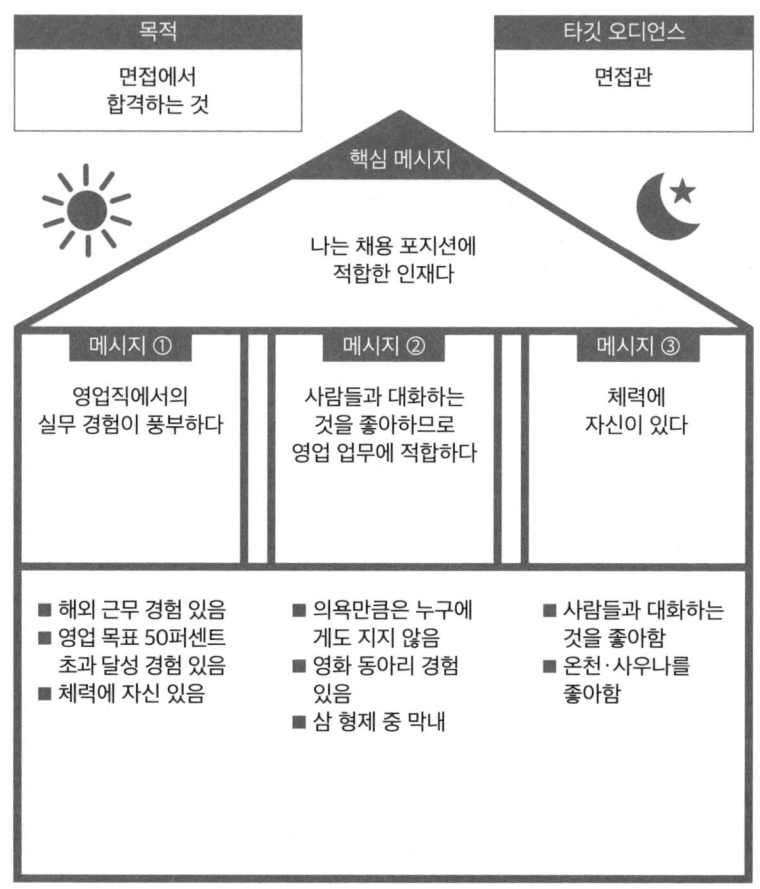

이제 세 번째 단계를 살펴보자. 우선순위를 생각하며 누락이나 중복 여부를 확인하며 전체 구조를 깔끔하게 정리하는 단계다. 먼저 아직 사용하지 않은 근거인 '해외 근무 경험 있음'에 주

목해 보자. 이 경험이 영업과 관련성이 있다면 메시지 ①과 결부하여 생각해 볼 수 있다. 예를 들어, '해외 근무 경험 있음'이 아니라 '해외 영업 에피소드 다수'라고 정리해 보면 어떨까. 이번에는 생략하지만, 실제로는 어떠한 에피소드가 있는지 다른 부분에라도 자세히 써 두면 좋다. 그리고 메시지 ②, '사람들과 대화하는 것을 좋아하므로 영업 업무에 적합하다'라는 기둥을 뒷받침하는 사실이나 데이터로 '고객 응대 아르바이트나 과외 아르바이트 등을 3년 정도 경험'이라는 근거를 새롭게 추가했다. 메시지 ③의 '체력에 자신 있다'를 뒷받침하기 위해 구체적으로는 '매일 조깅하며 체력 관리, 마라톤 풀코스 4시간 이내, 마라톤 수상 경력 다수' 등 사실이나 수치를 덧붙였다. 여기에 표창장과 같은 공식 문서도 함께 넣었다.

이 근거는 단 하나의 기둥이 아니라 복수의 기둥을 뒷받침하며 시너지도 만들어 내고 있을 것이다. 그리고 목적이나 타깃 오디언스, 핵심 메시지와도 모순 없이 전체적으로 일관성을 유지하고 있다. 여기까지의 작업 결과가 다음 그림이다.

작성한 메시지 하우스가 완성된 것처럼 보일 수 있지만, 아직 중요한 마지막 단계가 남아 있다. 앞선 단계를 유기적으로 반복하며 해상도에 맞춰 효율적이고 효과적인 메시지 하우스로 다듬어야 한다.

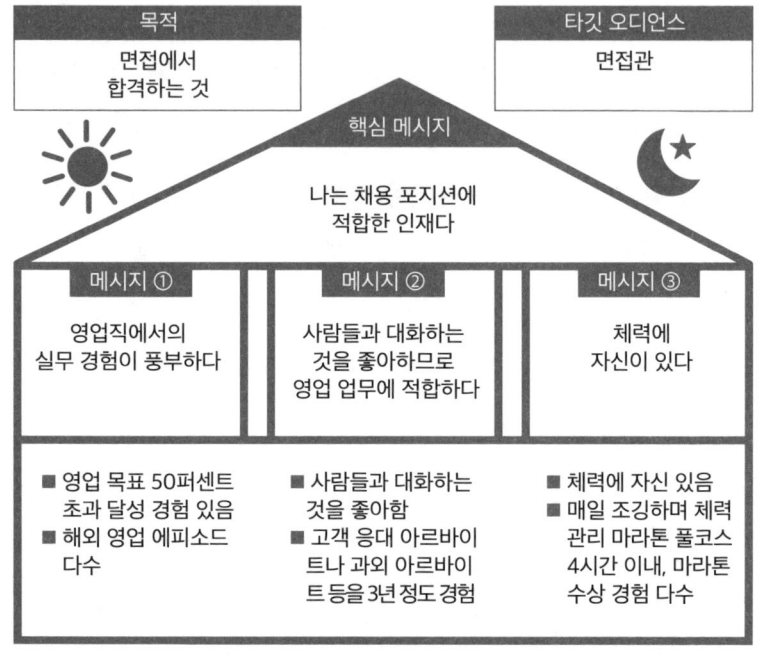

우선은 대략적으로 설정한, 낮은 해상도의 목적이나 타깃 오디언스를 발전시킬 수는 없을지 생각해 보자. 목적은 물론 '면접에서 합격하는 것'인데, 타깃 오디언스는 그저 면접에 합격하면 되는 사람을 뽑고 싶어 할까? 합격은 물론이거니와 지원자의 경험이나 커리어가 채용 포지션과 유의미하게 연결되고, 양쪽에 도움이 되는 방향으로 매칭되는 편이 더 바람직하지 않을까? 그러므로 목적의 해상도를 높여 '면접에 합격해서 앞으로도 영업직에 매진해 나가는 것'이라고 재설정했다. 이렇게 재설정한 목적은 지원자의 입사 포부와 지금까지 쌓은 경력의 방향성을 함께 보여준다. 또한 면접관에게도 매력적으로 보이며, 지원자는 자신의 경험을 자연스럽게 드러낼 수 있다.

타깃 오디언스도 면접관으로 뭉뚱그리기보다, 영업직 포지션임을 고려하여 '영업팀장'을 포함하는 구체적인 타깃으로 재설정했다. 이러한 설정 변경은 메시지 하우스의 내용을 설명할 때 상정하는 타깃 오디언스의 지식이나 경험 수준을 고려한 것으로, 결국 적절한 해상도를 맞추는 일이다. 이는 보다 효과적이고 현실적인 의견 교환을 위한 개선이라고 할 수 있다.

핵심 메시지도 영업에 특화한 형태로 바꿔 '나는 해당 영업직 포지션에 딱 알맞은 인재다'라고 썼다. 메시지 ①의 기둥에도 지붕에서 변경한 높은 해상도에 맞춰 '앞으로도 영업인으로 성장해 나가고 싶다'라는 진취적인 메시지를 추가했다. 관련 근거에는 영업 관련 학회 소속 이력을 추가하여 커리어와의 일관성을 유지하고 꾸준히 자기 관리를 해왔다는 점을 강조한다.

메시지 ②의 기둥은 '사람과 대화하는 것을 좋아한다'이므로 '영업직에 적합하다'라는 주장의 이유로는 다소 주관적이다. 따라서 그저 사람을 좋아하는 것이 아닌 '상대방이 이해하기 쉽도록 눈높이에 맞춘 커뮤니케이션을 위해 노력하고 있다'라는 점을

```
┌─────────────────┐         ┌─────────────────┐
│      목적       │         │   타깃 오디언스  │
├─────────────────┤         ├─────────────────┤
│ 면접에 합격해서 │         │     면접관      │
│ 앞으로도        │         │ (영업팀장을 포함)│
│ 영업직에 매진해 │         │                 │
│ 나가는 것       │         │                 │
└─────────────────┘         └─────────────────┘
```

                    핵심 메시지

              나는 해당 영업직 포지션에
                  딱 알맞은 인재다

메시지 ①	메시지 ②	메시지 ③
영업직에서의 실무 경험이 풍부하며 앞으로도 영업인으로 성장해 나가고 싶다	사람들과 대화하는 것을 좋아하며, 상대방이 이해하기 쉽도록 눈높이에 맞춘 커뮤니케이션을 위해 노력하고 있다	심신이 건강하며 체력뿐만 아니라 영업의 필수 요건인 인내력도 갖추고 있다
■ 영업 목표 50퍼센트 초과 달성 경험 있음 ■ 해외 영업 에피소드 다수 ■ 영업 관련 학회 소속	■ 사람들과 대화하는 것을 좋아함 ■ 고객 응대·과외 아르바이트 등을 3년 정도 경험 ■ 가르쳤던 학생과 연락을 계속함	■ 체력에 자신 있음 ■ 매일 조깅하며 체력 관리, 마라톤 풀코스 4시간 이내, 마라톤 수상 경력 다수 ■ 1년에 걸쳐 성과를 이끈 영업 실적

덧붙여 영업의 적합성 여부에 대한 해상도를 높였다. 이 내용을 뒷받침하기 위한 근거에도 과외 아르바이트 경험 에피소드로서 '가르쳤던 학생과 지금도 연락을 이어가고 있다' 등을 추가 기입하여 메시지의 신뢰도를 높였다.

그리고 메시지 ③에서는 '체력에 자신 있다'뿐만 아니라 영업에 일반적으로 요구되는 인내력 등 정신적인 면에서의 실적도 강조할 수 있도록 했다. 근거로는 '1년에 걸쳐 성과를 이끌어 낸 영업 실적'이 있다는 사실을 들었다.

해상도를 높이고 내용을 보완한 결과는 앞의 그림에서 확인할 수 있다. 언뜻 보면 그저 듣기 좋은 사실을 모아놓은 듯 보일 수도 있다. 하지만 사실에 기반한 내용이므로, 현실이라는 제약을 기준으로 전체와 부분을 균형 있게 구성할 필요가 있다. 어디까지나 모범 사례로 참고해 주기 바란다.

지금까지 메시지 하우스의 작성법, 사고법과 순서, 이미지 구성 등을 통해 전체 개념을 소개했다. 물론 소개한 순서를 따르지 않아도 완성된 형태로 메시지 하우스를 구성할 수 있다. 또한 혼자가 아니라 여러 명이 의견을 나누며 각 요소를 채워 나가는 작업을 해도 좋다. 설명에 필요한 핵심 요소를 조합해 하나의 '집'으로 시각화한 메시지 하우스는, 손쉬운 사용법 덕분에 전 세계적으로 널리 사용되는 표준 설명 도구가 되었다. 여러분도 자유롭게 활용해 보길 바란다.

다음 장에서는 실제 커뮤니케이션에서의 구체적인 활용법과 정리법, 구성 순서에 관한 사고법을 소개하고자 한다. 이를 이해하면 메시지 하우스의 장점을 더욱 실감할 수 있을 것이다.

3장

메시지 하우스를 사용해 설명하기

메시지 하우스를
활용한 설명법

설명이라고 하는 커뮤니케이션의 구조에는 국경과 국적, 혹은 언어나 문화까지 초월해 누구에게나 통하는 공통된 요소가 있다. 앞서, 필자가 실제로 활용하고 있는 구조인 메시지 하우스는 해외에서 개발된 보편적인 틀로, 세계 표준의 설명력을 갖춘 도구라고 소개했다. 그리고 역피라미드형, PREP 법, SDS 법 등 잘 알려진 구조의 이점을 갖추면서도 효과적인 설명에 필요한 요소를 담고 있다고 역설했다. 지금부터 메시지 하우스의 진가를 확인해 보자.

역피라미드형 논리 구조에 대한 대응

사람들에게 잘 알려진 구조, 프레임워크, 기법, 정리법의 대표적인 예로 역피라미드형 논리 구조(역피라미드 법칙, 역피라미드형 정보 전달)가 있다. 일반적인 피라미드형 구조는 설명할 때 배경 정보와 함께 원인이나 이유를 제시한 후, 결론을 도출한다. 반면 가장 중요한 결론을 제일 먼저 말하고, 그 원인이나 이유를 언급한 후에 배경 정보 등을 전달하는 방법이 역피라미드형이다.

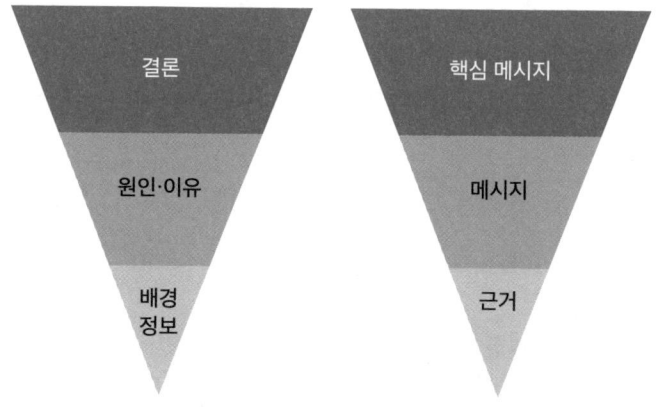

그림으로 살펴보자. 왼쪽은 역피라미드형이고 오른쪽은 역피라미드에 메시지 하우스를 적용한 것이다. 역피라미드형에서는 결론을 말하고 원인·이유를 다룬 후, 마지막으로 배경 정보를 전

달한다. 메시지 하우스를 역피라미드형을 토대로 만들면 제일 먼저 핵심 메시지를 제시하고, 메시지, 메시지를 뒷받침하는 근거 순으로 나열할 수 있다.

2장의 연습 문제에서 완성한 메시지 하우스를 떠올려 보자.

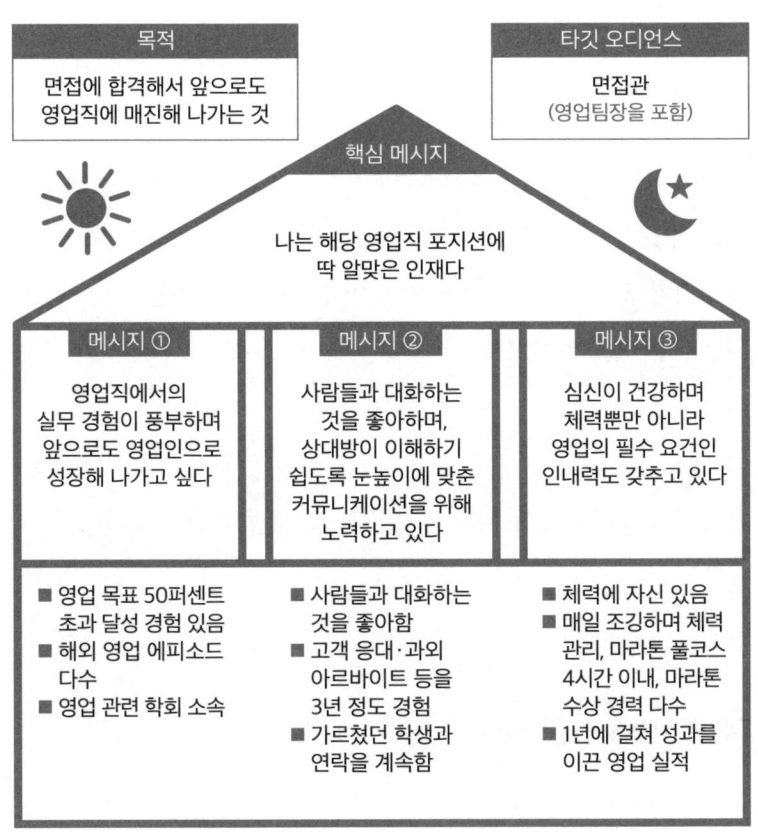

이 경우, 우선 핵심 메시지로 '나는 이번에 모집하는 영업직 포지션에 딱 알맞은 인재다'라고 하는 설명부터 시작한다. 즉, 결론부터 제시한다. 그리고 메시지로서 '이유는 크게 세 가지입니다. 첫 번째는 영업직에서의 실적이 풍부하며, 지속적인 영업 업무를 통해 영업 담당자로서 성장해 나가고 싶습니다'라고 설명을 이어 간다.

여기에 설득력을 더하기 위해 구체적인 근거도 제시한다. 예를 들어, '이전 직장에서는 영업 목표를 50퍼센트 초과 달성했습니다. 또한 해외 근무 당시에는 다양한 지역의 사람들과 개인적으로 친분을 쌓으며 현지 커뮤니티에 한국인 영업 담당자로 잘 알려지기도 했습니다. 영업 관련 학회에도 소속되어 있으며 실무 경험을 바탕으로 발표와 연구 활동도 계속하고 있습니다'와 같은 에피소드를 덧붙여 신뢰도를 높인다.

메시지 ②, ③에 대해서는 생략하겠지만, 메시지 하우스를 활용하면 역피라미드형 논리 구조를 한층 더 효과적으로 활용할 수 있다.

PREP 법에 대한 대응

앞서 PREP 법의 P는 포인트·요점·결론, R은 이유, E는 예시, 그리고 P는 다시 포인트·요점·결론의 재강조라고 소개했다. 포인트나 요점을 제일 먼저 언급하고, 그 이유와 근거가 되는 사실, 데이터, 수치, 에피소드 등을 소개한 후 마지막에 다시 한번 포인트나 요점을 반복하여 핵심 메시지를 강조하고 기억에 남게 하는 방법이다.

Point 결론	Reason 이유	Example 예시	Point 결론
핵심 메시지	메시지	근거	핵심 메시지

　PREP 법을 도표로 정리한 것과 메시지 하우스를 PREP 구조에 맞춰 비교한 것이 위 표다. 메시지 하우스는 지붕에서 토대를 거쳐, 다시 지붕으로 되돌아온다. 앞장의 예제 완성본 중 메시지 ②를 사용해 PREP 법에 메시지 하우스를 적용해 보자.

　제일 먼저 핵심 메시지로 '나는 해당 영업직 포지션에 딱 알맞은 인재다'라고 결론P을 제시한다. 그리고 메시지로 '사람과 대화하는 것을 좋아하며, 특히 상대방이 이해하기 쉽도록 눈높이에 맞춘 커뮤니케이션을 위해 노력하고 있습니다'라는 이유R를 든다. 다음으로 '사람과 대화하는 것을 좋아해서 고객 응대 아르바이트와 과외 교사 아르바이트를 3년간 했습니다. 당시 가르쳤던 학생과는 지금까지도 연락을 하고 있습니다'라는 예E를 소개한다. 마지막에는 '그러므로 이번 채용 포지션인 영업 담당자에는 제가 매우 적합하다고 생각합니다'라고 핵심 메시지로 돌아와 결론P을 반복한다. 자, 이제는 PREP 법이 메시지 하우스의 일부처럼 느껴지지 않는가?

SDS 법에 대한 대응

SDS 법은 요약Summary으로 시작해, 상세 내용Details을 설명한 뒤, 다시 요약Summary으로 마무리하는 구조다.

Summary 요약·결론	Details 상세 내용	Summary 요약·결론
핵심 메시지	메시지 및 근거	핵심 메시지

앞서 소개한 PREP 법보다도 상세 내용D이 자유로운 구조다. 핵심이나 결론보다는, 그에 대한 이유나 예시, 증거 등과 같은 상세 내용에 더 많은 비중을 둔다. SDS 법을 도표로 정리한 것과 메시지 하우스를 SDS 법에 적용한 것을 비교하면 위 표와 같다. 예제 완성본의 메시지 ③을 사용해 SDS 법에 메시지 하우스를 적

용해 보자.

먼저 핵심 메시지인 '이번 영업직 채용 건은 제가 적임자입니다'라는 요약, 즉 결론S에 해당하는 부분을 전달한다. 다음 상세 내용D에서는 '왜냐하면 저의 강점은 건강한 심신이기 때문입니다. 영업에 필요한 인내심도 갖추고 있습니다. 체력을 예로 들어 말하자면, 매일 아침 조깅을 하고 있습니다. 마라톤 풀코스는 4시간 이내로 완주 가능하며, 마라톤 대회 수상 경력도 다수 있습니다. 정신력도 중요하다고 생각하는데, 예전에 준비부터 성과까지 1년에 걸친 영업이 결실을 본 적이 있습니다'와 같은 구체적인 근거를 덧붙인다.

마지막으로 '이러한 경험과 강점으로 볼 때, 이번 영업직 포지션에서 제가 큰 도움이 될 거라 자신합니다'라고 정리하며 핵심 메시지를 반복하여 요약S한다. 이처럼 SDS 법도 메시지 하우스를 적용할 수 있다.

이처럼 전 세계적으로 널리 쓰이는 역피라미드형 논리 구조, PREP 법, SDS 법 등과 같은 프레임워크는 모두 메시지 하우스로 대응할 수 있다. 메시지 하우스로 정보를 정리해 두면 실전에서는 세 가지 구조 중 어느 것을 선택할지, 다시 말해, 전달 순서의 선택과 방식에 집중할 수 있다.

그렇다면 앞에서 소개한 세 가지 전달 방식 중 실제로는 어느 것을 선택하면 좋을까. PREP 법이나 SDS 법은 결론이나 핵심 메시지를 반복하기 때문에, 역피라미드형보다 설명을 듣는 사람에게 친절한 구조다. PREP 법은 SDS 법에 비해 메시지에서 근거로 연결되는 흐름을 더 신경 써서 만들며, 여러 개의 메시지를 취급하려 한다는 점에서 설명이 길어질 수 있다. 반면, SDS 법은 PREP 법보다 구조가 간단해 설명이 짧고 간결해진다. 따라서 다양한 상황에 맞춰 구분하여 사용하는 것이 이상적이다.

피라미드형 논리 구조에 대한 대응

여기서 한 가지 주의할 점이 있다. 세계 표준이라고 소개했다고 해서, 해외 프레임워크만 권장하고 한국인에게 익숙한 피라미드형 구조(배경 정보, 요점, 결론 순으로 설명)는 배제하려는 것이 아니다. 1장에서 역피라미드형에 대해 설명하면서 피라미드형을 간단히 다뤘는데, 한국에서는 역피라미드형보다 피라미드형을 더 선호하는 듯하다. 예를 들어, '이것은 이렇고, 저것은 저렇고……그러므로 이러한 방법이 좋다고 생각합니다'라는 식의 설명은 비즈니스 현장에서 자주 볼 수 있는 장면이다.

    지금까지의 경험으로 보면, 미국에서는 결론 먼저 설명하는 것이 기본이고 피라미드형 설명은 잘 사용되지 않는다. 직접적이고, 이야기의 맥락에 의존하지 않는 커뮤니케이션을 선호한다. 한국은 반대로 간접적이면서도 이야기의 맥락에 의존하는 커뮤니케이션을 선호하는 경향이 있다. 설명에서도 배경 정보를 먼저 언급하는 것은 한국인의 문맥 지향 특성을 반영한 것일지도 모른다. 이처럼 언어나 문화에 따라 익숙하게 느끼거나 적절하다고 생각하는 설명의 순서, 이야기 방법 등이 달라진다. 어찌 되었든 이 책에서 강조하고 싶은 것은, 역피라미드형이나 PREP 법, SDS 법 등의 구조가 중요하다는 것이 아니라 한국에서 익숙한 피라미드형 구조에도 메시지 하우스를 적용할 수 있다는 점이다.

토대부터 지붕으로 향하며 근거, 메시지(토킹 포인트), 핵심 메시지 순서로 설명할 때도 메시지 하우스를 사용하면 일목요연해진다. 다음 그림은 피라미드형 구조에 메시지 하우스를 적용한 예다.

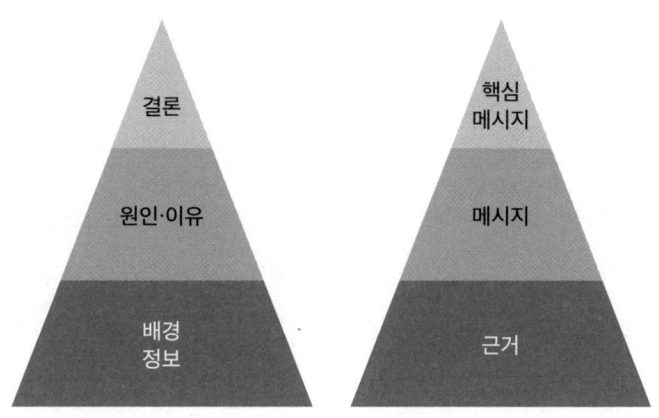

설명 목적별
메시지 하우스 활용법

이제부터는 설명을 바탕으로 한 설득이나 교섭과 같은 실전 커뮤니케이션 상황에서 메시지 하우스를 어떻게 활용할 수 있는지 살펴보자.

설득에 대한 대응

설명과 설득의 차이점은 무엇일까? 앞에서도 다뤘지만, 설명의 목적은 메시지의 수신자가 내용을 인지하고 이해하도록 돕는 데 있다. 반면, 설득은 이와 더불어 수신자가 실제로 행동하도록 유도하는 것을 목적으로 한다. 설득에는 약간의 요령이 필요하다.

설명을 반복하며 수신자가 행동으로 옮길 때까지 자연스럽게 이끌어야 한다. 예를 들어, 세 가지 메시지 중 하나가 이해하기에 충분한 메시지라고 할지라도 행동으로 옮기기 위해서는, 행동하지 않는 현재와 행동했을 때의 미래 모습 사이에 어떤 차이가 있는지를 수신자에게 정확히 전달할 필요가 있다.

행동을 촉구하는 설득은 크게 세 가지 단계로 구성된다. 첫째, 어떠한 행동이 필요한지와 그 행동이 주는 효과를 설명한다. 둘째, 행동하지 않았을 경우의 단점과 행동했을 경우의 장점을 설명한다. 셋째, 그 행동을 실천하는 데 필요한 준비와 행동으로 옮기기 위한 계기를 설명한다. 그러면 여기서 1장에서 제시한 예시 중 아직 다루지 않은 '한식당에서 한국어를 모르는 외국인에게 영어로 메뉴의 특징을 설명하는 상황'을 살펴보도록 하자. 다음과 같이 조금 더 구체적으로 상황을 설정해 보았다.

한국에 여행 온 외국인에게 가이드가 청국장의 특징을 영어로 설명하면서 먹어 보기를 권하며 설득하고 있다. 우선은 설득의 첫 번째 단계, 필요한 행동과 그 효과에 대한 설명이다. 참고로 우리는 설득의 구조를 시각화하는 것이 목적이므로 실제 영어 표현은 생략하고 한국어로 서술한다. 이후 예시에서도 같은 방식으로 다룬다.

"한국에 오셨으니 청국장을 꼭 한 번 드셔 보세요. 청국장은 발효 식품으로 건강에 매우 좋습니다. 콩으로 만들어 단백질도 풍부하고, 콜레스테롤 수치를 낮추는 데도 도움이 됩니다."

다음은 청국장을 먹을 때의 장점과 먹지 않을 때의 단점에 대한 설명이다.

"청국장은 한국 음식 중에서도 호불호가 많이 갈리는 편이에요. 걸쭉한 질감과 발효로 인한 특유의 강한 냄새, 생김새 때문에 어떤 분들은 상한 음식으로 오해하기도 합니다. 하지만 한번 먹어 보면 콩의 살아 있는 식감과 풍미를 느낄 수 있어요. 취향에 따라 김 가루, 참기름, 고추장, 무채 등을 넣어 비벼 먹어도 맛있어요. 재료들을 한데 비비는 일이 꽤 흥미로울 거예요. 이렇게 만든 비빔밥을 다시 청국장과 먹어도 매우 맛있습니다. 분명 기억에 남을 음식이 될 겁니다. 한국 여행에서 청국장을 안 먹고 가면 손해라는 생각이 절로 들 거예요. 영양 만점 건강식이기도 하니 꼭 드셔 보세요."

마지막 단계로 청국장을 먹기 위한 준비와 먹게 된 계기에 대한 설명은 이렇게 마무리한다.

"청국장은 근처 한식당이나 청국장 전문점에서 저렴한 가격으로 드실 수 있어요. 마트에서도 레토르트 청국장을 판매하고 있습니다. 관심이 생긴다면 내일이라도 5분 거리에 있는 식당에서 청국장을 드셔 보시는 건 어떨까요?"

설득의 경우, 메시지 하우스를 구성하는 세 가지 메시지는 순서대로 전달하는 것이 중요하다. 메시지 하우스 작성 시, 메시지 ①에서 ②, ②에서 ③으로 순서를 미리 정하고, 각 메시지 간의 흐름을 화살표로 표시해 두면 좋다. 이 흐름을 메시지 하우스의 형태로 도표화한 것이 다음 그림이다.

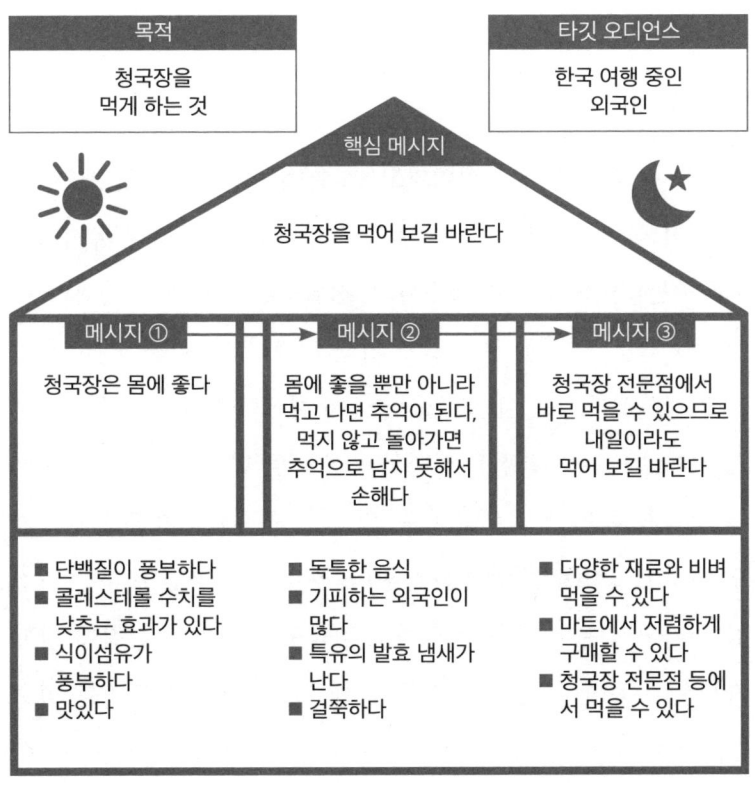

메시지를 나열해 인지와 이해를 돕는 설명과 달리, 행동을 이끌어 내는 설득은 메시지(토킹 포인트) 사이에 순서를 정한 뒤 메시지 하우스를 구성하는 것이 효과적이다. 이처럼 메시지 하우스는 설명은 물론, 설명을 바탕으로 한 설득에도 효과적으로 활용할 수 있으며 설명이나 설득에만 국한하지 않고 보다 복잡한 상호작용이 요구되는 교섭이나 화해의 상황에서도 활용할 수 있다.

교섭에 대한 대응

교섭은 설명에 설명이 이어지고 그 안에 질문, 코멘트, 제안, 설득 등이 섞여 서로의 이해와 행동을 이끌어 내기 위해 메시지를 주고받는 과정이다. 이 책에서는 '전달하는 사람과 듣는 사람이 자신의 요구 사항을 손에 넣기 위해 커뮤니케이션을 하는 것'이라고 정의했다. 이번에는 '한식당에서 한국어를 모르는 외국인에게 영어로 메뉴의 특징을 설명하는 상황'을 다르게 응용해 보자.

한국식 치킨만 먹으려 하는 외국인 친구에게 가끔은 불고기도 먹자고 영어로 제안하는 상황이다. 이때, 외국인 친구는 치킨집에 가고 싶은 이유를 설명하고 한국인 친구가 치킨집에 함께 가도록 설득한다. 반대로 한국인 친구는 가끔은 불고기를 먹고 싶다는 이유를 설명하고 외국인 친구가 불고기를 먹도록 설득한다. 예를 들어, 외국인 친구가 먼저 다음과 같이 설득했다고 하자.

"오늘도 치킨집에 가자. 한국식 치킨은 종류가 많아서 언제 먹어도 질리지 않고 맛있어. 양념치킨, 간장치킨, 바비큐치킨 등 메뉴도 다양하잖아. 시원한 맥주에 프라이드치킨은 지금처럼 더운 여름에야말로 딱이지. 추워지면 제대로 즐기기 어렵다고. 근처에 치킨집이 새로 연 모양이야. 얼마 전에 오픈 기념 쿠폰을 받았거든. 기한이 이번 달까지니까 빨리 가자!"

외국인 친구가 설득한 내용을 바탕으로 ①에서 ③까지 차례대로 나열했다. 메시지 하우스에 반영하면 다음과 같은 그림이 된다.

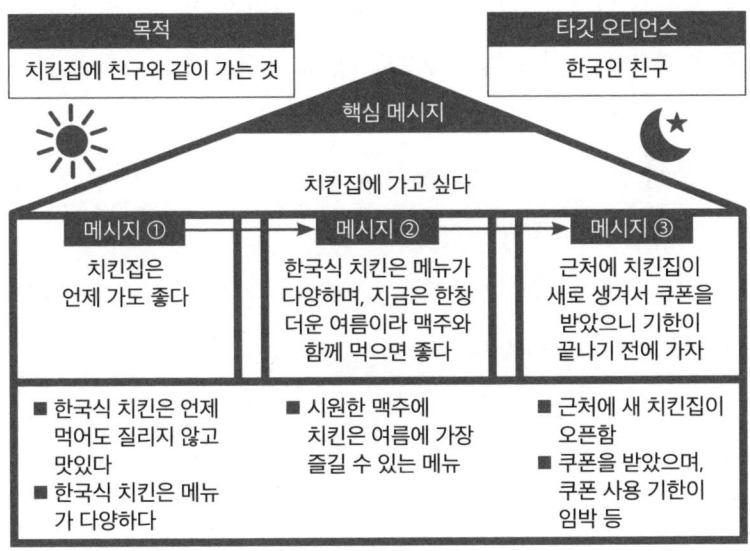

이 설득을 들은 한국인 친구는 치킨 대신 불고기를 제안한다.

"또 치킨이야? 오늘은 불고기 먹자. 불고기는 언제 먹어도 맛있고 고기의 풍미를 제대로 즐길 수 있다고. 외국인들에게도 인기 만점인걸. 영양도 풍부해서 여름철 보양식으로 제격이지. 게다가 지역에 따라 불고기 스타일도 다양한 거 알아? 치킨은 영양 면에서 한쪽으로 치우쳐 있지만, 불고기는 채소랑 같이 먹으면 균형 잡힌 식사가 돼. 그리고 마트에서 고기와 채소 등의 재료를 사 오면 집에서 간단히 만들 수 있다고. 게다가 오늘 주말이라 어딜 가도 붐빌 텐데, 집에서 편하게 만들어 먹자."

이 설득의 특징은 상대방의 설명이나 설득을 듣고 그에 근거해 자신의 의견을 제시한다는 점이다. 이러한 방식은 의견을 서로 주고받는 상의로 발전하기도 하고, 상대방의 의견에 반론을 펼치는 방향으로 나아가면 논의나 논쟁이 되기도 한다. 이렇게 주고받다 보면 서로를 이해하거나 행동을 유도하는 목적의 커뮤니케이션, 교섭이 이루어진다.

이렇게 메시지를 주고받는 상황을 메시지 하우스에 적용하면 다음과 같은 그림이 된다.

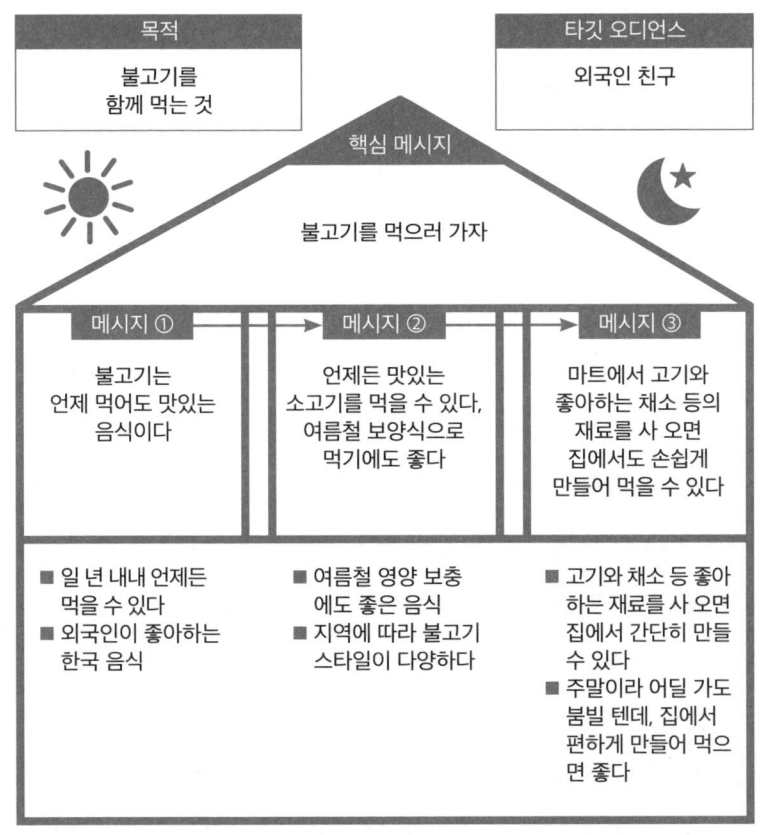

 이 메시지 하우스는 교섭으로, 상대방의 설명이나 설득을 들은 후 자신의 설명이나 설득을 정리한 것이다. 실제로 메시지 하우스를 준비하거나 활용할 때는, 자신의 메시지를 상황에 맞게 업데이트하거나 여백에 메모를 추가하는 등 새로운 메시지 하우

스를 재구성하는 식의 대응이 필요하다. 그리고 상대방의 설득을 메시지 하우스에 적용해 보는 작업도 도움이 된다. 그런데 여기서 의문이 생기는 사람도 있을 것이다.

- 과연 언제 메시지 하우스를 만들면 될까? 그럴 여유는 있을까?
- 설명, 설득, 교섭을 할 때마다 메시지 하우스를 미리 준비할 수 있을까?
- 메시지 하우스를 미리 준비했다고 하더라도 예상치 못한 방향으로 이야기가 흘러가거나 새로운 정보가 입수되면, 준비해 둔 메시지 하우스가 쓸모없어지는 건 아닐까?
- 무엇보다 메시지 하우스를 준비하거나 수정할 시간도, 장소도, 도구도 없는 경우가 대부분이지 않을까?

당연히 궁금하겠지만, 여기서 이 문제는 다루지 않았다. 이 점에 대해서는 뒤에서 따로 설명할 예정이다. 필자만의 추천법이 있는데, 해결책은 간단하면서도 명확하다. 힌트는 메시지 하우스가 세계 표준으로 보급되는 이유에 있다.

이제 점검해야 할 주요 항목을 살펴보자. 교섭의 결과로는 네 가지 패턴이 존재했다. A와 B 사이의 교섭이라고 가정했을 때, A는 만족했지만 B는 만족스럽지 않은 상황, A는 만족스럽지 않지만 B는 만족한 상황, 양쪽이 모두 만족스럽지 않은 상황, 양쪽 모두 만족하는 상황으로 정리할 수 있다.

- A가 Win, B가 Lose인 Win-Lose 패턴
- A가 Lose, B가 Win인 Lose-Win 패턴
- A와 B 모두가 Lose인 Lose-Lose 패턴
- A와 B 모두가 Win인 Win-Win 패턴

이러한 교섭의 결과 중에서 양쪽 모두 손해를 보지 않는 Win-Win을 지향하는 커뮤니케이션을 화해라고 분류한다. 다음은 이 화해를 위해 메시지 하우스를 사용해 보자.

화해에 대한 대응

한국식 치킨과 불고기 사이의 끝나지 않는 신경전은 어디까지 이어질까? 이윽고 두 사람의 교섭이 화해를 향해 앞으로 나아가기 시작했다.

> **한국인 친구:** 그럼, 오늘 치킨이랑 불고기 모두 먹을까?
> **외국인 친구:** 좋은 생각이야. 굳이 하나만 먹으란 법은 없으니까.

한국인 친구: 맞아. 모처럼 만났으니까 둘 다 먹으면 돼.

외국인 친구: 치킨도, 불고기 모두 언제든 먹고 싶은 음식이니까.

한국인 친구: 좋아, 네가 말한 쿠폰 기한이 이번 달까지라며. 만난 김에 점심은 새로 생긴 치킨집에서 먹고, 저녁은 우리 집에서 불고기 해 먹자. 치킨집도, 마트도 우리 집에서 멀지 않으니까 괜찮네.

외국인 친구: 맞네. 우리 둘 다 먹고 싶은 메뉴기도 하고, 한쪽만 고집할 이유도 없지. 괜히 언성 높일 필요도 없었어.

한국인 친구: 오랜만에 만났으니, 메뉴보다는 평화가 우선이야.

외국인 친구: 옳으신 말씀!

두 친구: 그건 그렇고, 슬슬 배고프다.

이렇게 두 사람의 대화가 평화롭게 마무리되었다. 메시지 하우스로 표현하면 다음 페이지의 그림과 같다. 화해를 목적으로 하는 경우, 앞서 주고받은 교섭의 경위를 되짚으며 백지의 메시지 하우스를 Win-Win 관점에서 채워 나가면 된다. 사실 화해는 어려운 일이다. 결렬될 때도 많다. 하지만 이번 예시처럼 훈훈하게 마무리되는 경우도 있다. 꼭 비현실적인 것만은 아니다. 서로 긴장하지 않고, 재미나 놀이, 그리고 적당한 분위기와 마음가짐이 생길 때 의외로 쉽게 화해한 경험도 있을 것이다. 메시지 하우

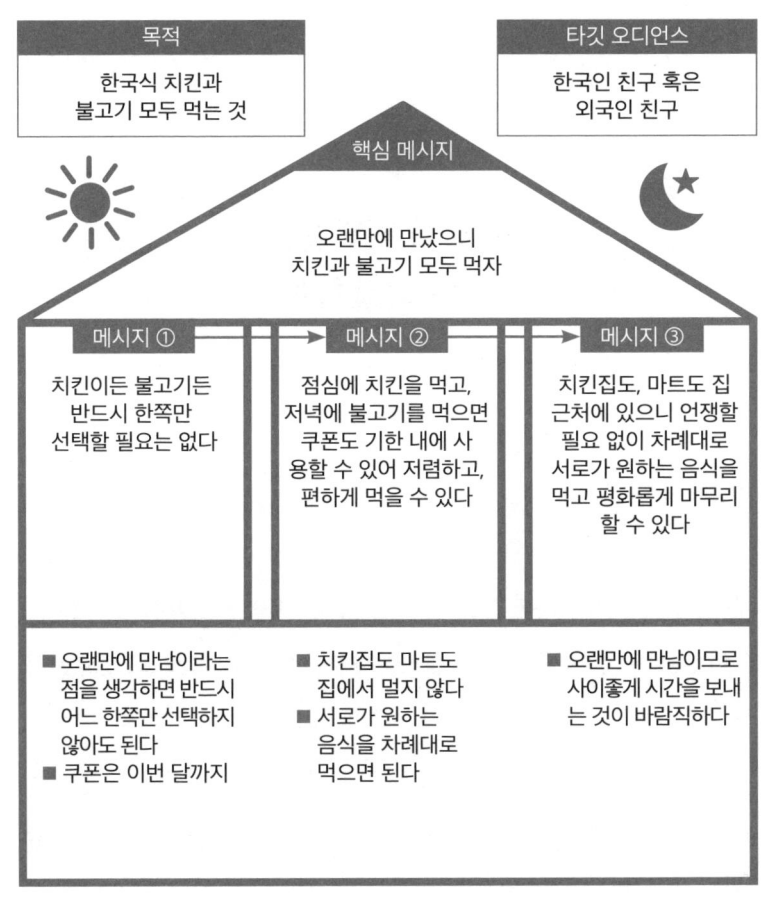

스가 인기 있는 것도 바로 하우스, '집'이라는 말이 주는 아늑함 때문일지도 모른다. 메시지 하우스는 든든한 구조 속에 메시지를 담아 설명하고, 설득하고 끝내 화해를 담아내는 훌륭한 도구다.

메시지 하우스를
제대로 사용하려면

지금까지 메시지 하우스를 목적에 따라 어떻게 활용할 수 있는지 살펴보았다. 설명에서는 특별한 순서 없이 메시지를 나열하면서, 역피라미드형이나 PREP 법, SDS 법, 피라미드형 등의 구조를 참고해 핵심 메시지를 전달하는 도구로서 메시지 하우스를 활용하는 방법을 소개했다. 설득에서는 메시지의 순서를 정하고, 그 순서에 따라 핵심 메시지를 효과적으로 전달하는 도구로서 메시지 하우스 활용법을 소개했다. 교섭에서는 상대방의 메시지를 듣고 자신의 메시지 하우스를 그려 나가는 메시지 하우스 활용법을 소개했다. 화해에서는 대화 당사자 모두에게 이로운 방향으로 나아가기를 바라며 백지상태의 메시지 하우스에 이상향을 채워 가는 방식으로 활용하는 예를 소개했다.

그렇다면 앞서 언급했던 의문을 다시 한번 짚어 보자. 메시지 하우스를 언제 만들면 좋을까? 다시 말해, 메시지 하우스는 준비하지 않으면 사용할 수 없을까? 이 질문에 답은 지금까지 여러 번 등장한 하나의 단어로 요약할 수 있다. 바로 이미지다. 메시지 하우스는 반드시 종이에 그려야 하는 것이 아니다. 이미지 안에서 조합하고 활용할 수 있다.

머릿속으로 그려 보는 메시지 하우스

메시지 하우스의 이상적인 사용법은 메시지 하우스나 그 요소를 머릿속에서 자연스럽게 떠올려 보는 것이다. 물론 자료를 준비할 시간이 충분하거나 글로 정리할 수 있다면 완성된 메시지 하우스를 준비해 활용하는 것도 좋다. 또는 빈 메시지 하우스를 준비한 뒤 대화 중간에 필요한 내용을 메모해 가며 커뮤니케이션에 임하는 것도 추천한다. 단, 대부분의 설명은 도구를 사용하지 않는 구두 설명이거나 준비 또는 정리할 여유도 없이 계속해서 이어지는 경우가 많다. 따라서 미리 준비할 수 없는 상황에도 메시지 하우스 사고방식이나 준비법, 사용법을 바탕으로 메시지 하우스의 기본 구조와 핵심 요소를 머릿속으로 그릴 수 있도록 하는 것이 목표다.

메시지 하우스는 매우 간단하고, 그래서 더욱 효과적이며 전 세계 많은 조직이 사용하고 있다고 소개했다. 메시지 하우스의 가장 큰 장점은 바로 이 간단함이다. 간단하니까 시각적 이미지로서, 요소별 관계성의 이미지로서 메시지 하우스를 머릿속에서 활용할 수 있다.

여기까지 메시지 하우스를 준비하고 활용하기 위한 힌트를 살펴보았다. 메시지 하우스를 사용하여 생각이나 대화를 정리하는 흐름은 지금까지 소개한 내용과 같다. 이를 제대로 활용할 수 있는 수준이 되려면 많이 연습하고 익숙해져야 한다. 그래서 이 책의 부록으로 '메시지 하우스 준비를 위한 체크 리스트'를 준비했다. 체크 리스트도 활용하면서 메시지 하우스 작성에 익숙해지길 바란다.

한편, 작성해 보는 것만으로는 메시지 하우스에 익숙해지기 어렵다. 상대방의 설명이나 제3자의 커뮤니케이션을 메시지 하우스 형태로 재구성해 보는 것도 매우 좋은 훈련이 된다. 메시지 하우스를 이미지로 만드는 것에 익숙해진 사람은 메시지를 전달할 때뿐만 아니라, 들을 때도 머릿속으로 메시지 하우스를 떠올릴 수 있다. 먼저 메시지를 들을 때에도 메시지 하우스나 요소를 이미지로 그려 보길 바란다. 이렇게 하면 상대방의 주장을 훨씬 명확하게 알 수 있다.

설명을 '듣고', '받아들이는' 데에도 메시지 하우스는 효과적이다. 다음 장에서는 유명한 연설이나 미디어 작품에 등장하는 대사를 메시지 하우스에 적용하고, 적용한 메시지 하우스를 어떻게 해석할 것인지 알아보도록 하자.

4장

메시지 하우스로 상대방의 설명 해석하기

스티브 잡스의 연설로 독해 연습하기

　지금까지 메시지 하우스의 요소를 이해하는 것에서 시작해 준비하고 활용하는 방법까지 다루었다. 앞장에서 확인했듯이 메시지 하우스는 실제로는 머릿속으로 이미지를 그리는 경우가 많다. 이 장에서는 설명이나 설득, 때로는 화해의 힘을 발휘한 것으로 알려진 연설이나 멘트를, 어떻게 하면 메시지 하우스에 효과적으로 적용할 수 있을지 살펴본다. 이를 통해 메시지 하우스로 정리하는 습관을 들이길 바라는 바이다.

　제일 먼저 애플의 공동 창업주이자 오늘날 많은 이들에게 존경받는 인물로 손꼽히는 스티브 잡스의 2005년 6월, 미국 스탠퍼드 대학교 졸업식 연설을 살펴보도록 하자.

애플은 메시지 하우스를 도입한 기업이다. 스티브 잡스 본인이 메시지 하우스를 배웠는지, 그래서 이를 의식하며 연설했는지 알 수 없지만, 지금부터 소개하는 스티브 잡스의 연설을 읽으면 이야기가 아주 명쾌한 구조로 이루어진 것을 알 수 있다. 그의 인생은 영화나 만화로도 그려졌고, 스탠퍼드 대학교 졸업 축사 6년 후, 연설에서도 언급했던 췌장암으로 막을 내리게 된다. 스티브 잡스는 괴짜 같은 면모로도 잘 알려져 있는데, 특히 "Stay hungry, Stay foolish(늘 갈망하라, 우직하게 나아가라)"라는 명언으로 상징될 만큼 모험가 정신이 투철한 혁신가였다. 또한 프레젠테이션의 대명사로 지금까지도 자주 언급된다. 그는 애플에서의 업무 외에도 고등 교육용이나 비즈니스 시장을 위한 워크스테이션을 개발 및 제조, 판매하는 IT 기업 NeXT(넥스트)를 창업했고, 영화·TV 회사의 애니메이션 부문을 인수하여 영화 〈토이 스토리〉로 잘 알려진 영화 제작사 Pixar(픽사)를 설립했다. 이제부터 그의 복잡한 생애부터 세간에 잘 알려진 성공과 실패, 사랑과 죽음 등을 한데 모은 감동적인 이야기로 평가받는 연설을 소개하겠다.

이제 메시지 하우스를 적용한 해석 연습을 해 보자. 첫 연습이므로 연설을 함께 읽으며 메시지 하우스를 서서히 채워 보자.

세계에서 가장 우수한 대학의 졸업식에 참석하게 되어 영광입니다. 저는 대학을 졸업하지 못했습니다. 사실 오늘이 제 인생에서 대학 졸업식이라는 곳에 가장 가까이 다가간 날입니다. 오늘은 제가 살아오면서 겪은 세 가지 이야기를 하려고 합니다. 그리 대단하지 않은 세 가지 이야기입니다. 첫 번째는 '점과 점을 잇는 것'에 관한 이야기입니다.

저는 리드 대학에 입학한 지 6개월 만에 그만두었고, 완전히 자퇴하기까지 1년 반은 대학에 머물렀습니다. 그러면 왜 학교를 그만뒀을까요?

제가 태어나기 전, 제 생모는 미혼의 대학원생이었습니다. 어머니는 저를 낳으면 입양시키기로 결심했습니다. 어머니는 저를 반드시 대학을 졸업한 사람이 입양해 가길 바랐고, 결국 한 변호사 부부에게 입양되기로 결정됐습니다. 하지만 이 부부는 갑자기 여자아이를 원한다고 말했습니다. 이렇게 양부모가 된 제 부모님은 한밤중에 전화를 받게 됩니다. "생각지도 못한 남자아이가 태어나 입양시키려고 하는데, 입양하실 의향이 있나요?" 부모님은 "물론이죠"라고 대답했습니다. 제 생모는 입양 서류에 사인하기를 거부했는데, 제 어머니(양모)는 대학을 졸업하지 않았고 아버지(양부)는 고등학교도 졸업하지 않았기 때문입니다. 생모는 양부모가 저를 꼭 대학에 보낸다고 약속하자 그제야 겨우 응했다고 합니다.

그리고 17년 후, 저는 정말로 대학에 다니게 되었습니다. 하지만 스탠퍼드와 거의 맞먹을 정도로 학비가 비싼 대학에 들어가 버린 탓에 노동자였던 부모님은 저축한 돈을 모두 학비에 쏟아붓게 되었습니다. 반년이 지난 후,

저는 부모님의 희생 속에서 대학에 다닐만한 가치를 찾을 수 없었습니다. 인생에서 무엇을 하면 좋을지 몰랐으며, 대학에 다녀도 하고 싶은 일을 찾을 거라는 기대조차 없었습니다. 부모님이 일생을 바쳐 저축한 돈을 그저 낭비할 뿐이라 느꼈고, 결국 자퇴를 결심했습니다. 뭐, 어떻게든 되겠지 싶었습니다. 조금 고민하긴 했지만, 되돌아보면 제가 인생에서 내린 가장 옳은 판단이었습니다.

자퇴를 결정하면서 흥미 없는 수업을 들을 필요성이 사라졌습니다. 그래서 재미있을 것 같은 수업만 들었습니다. 그렇다고 마냥 좋지만은 않았습니다. 저는 기숙사에 방도 없었기 때문에 친구 방의 바닥에서 잠을 잤습니다. 음식을 사기 위해 콜라병을 가게에 반납하며 5센트씩 모으기도 했습니다. 매주 일요일에는 따뜻한 음식을 얻어먹기 위해 7마일 거리에 있는 크리슈나 사원까지 걸어가곤 했습니다.

그래도 정말 즐거웠습니다. 흥미를 느낀 강의에서 배운 지식은 훗날 무엇과도 바꿀 수 없는 것이 되었습니다. 예를 들어, 리드 대학에서는 그 당시 미국 최고의 캘리그래피(손글씨) 수업을 들을 수 있었습니다. 캠퍼스 곳곳에 붙은 포스터나 표지물은 손으로 쓴 아름다운 서체로 장식되어 있었습니다. 더 이상 필수 과목을 듣지 않아도 되었기 때문에 캘리그래피 강의를 듣기로 했습니다. 세리프체나 산세리프체를 배우며 문자를 조합할 때 공간을 두는 방식과 무엇이 서체를 아름답게 만드는지도 습득했습니다. 과학으로는 알 수 없는 전통적이고 예술적인 서체의 세계에 매료되었습니다.

물론 당시에는 이런 것이 나중에 도움이 되리라는 생각은 하지 못했습니다. 하지만 10년 후, 최초의 매킨토시 컴퓨터를 설계할 때 캘리그래피의 모든 지식이 순식간에 되살아났습니다. 그리고 그 지식을 모두 맥 컴퓨터에 쏟아부었습니다. 아름다운 폰트를 가진 최초의 컴퓨터가 탄생한 것입니다. 만약 대학에서 그 수업을 듣지 않았더라면 맥 컴퓨터에는 다양한 폰트나 자간 조절 기능도 아마도 없었겠죠. 마이크로소프트의 윈도우도 결국 맥을 따라 했으니 만약 제가 자퇴를 결심하지 않았더라면, 그 캘리그래피 강의를 듣는 일은 없었을 것이고 컴퓨터가 지금처럼 훌륭한 폰트를 갖추지 못했을 것입니다.

물론 그때는 미래를 위해 점과 점을 이으려는 생각은 없었습니다. 하지만 지금 생각하면 미래에 도움이 되는 것을 분명 대학에서 배우고 있었습니다. 다시 말하지만, 미래를 내다보며 점과 점을 이을 수는 없습니다. 오직 시간이 지나서야 점과 점 사이를 맞춰 볼 수 있을 뿐입니다. 그러므로 우리는 지금의 점들이 훗날 인생 어딘가에서 서로 이어져 결실을 볼 수 있다는 믿음을 가져야 합니다. 내면, 운명, 인생, 카르마, 그 무엇이든 우리는 무언가를 믿지 않으면 안 됩니다. 저는 이 방식으로 인해 후회한 적이 없으며, 오히려 커다란 변화를 만들어 냈습니다.

여기까지가 전체의 3분의 1에 해당하는데, 우선 첫 번째 메시지로 '실패는 성장과 배움의 기회가 된다'라고 추출해 보았다. 어디까지나 이는 나의 요약일 뿐이므로, 스티브 잡스의 말처럼 '점과 점을 잇다'라고 하거나 '무엇이든 경험해 보고 나중에 점들을 연결해 보자'처럼 여러분 나름대로 요약하는 것도 좋다. 중요한 것은 메시지 하우스에 적용해 보는 훈련이다.

이 연설은 매우 구조적인데, 스티브 잡스는 연설 서두에 세 가지 토킹 포인트가 있음을 밝혔다. 이는 세 가지 메시지를 추출하기 쉬운, 한마디로 메시지 하우스에 적어 넣기 쉬운 친절한 구조다. 설명할 때 "전하고 싶은 것은 세 가지 있습니다"라며 이야기를 시작하는 것은 메시지 하우스를 배우고 있는 여러분이라면 쉽게 따라 할 수 있을 것이다. 지금 첫 번째 메시지를 살펴보았다. 핵심 메시지는 다른 메시지를 이끌어 가기 때문에 끝까지 읽고 난 후에 추출해 보려고 한다. 우선은 다음 메시지를 살펴보자.

> 두 번째 이야기는 '사랑과 상실'에 관한 이야기입니다.
> 운이 좋게도 저는 젊은 나이에 가장 좋아하는 일을 찾았습니다. 공동 창업자인 워즈니악과 함께 부모님의 집 차고에서 애플을 창업했을 때는 고작 스무 살이었습니다. 그 후 열심히 일했고 10년 만에 연 매출 수십억 달러, 직원 수 4,000명이 넘는 기업으로 성장시켰습니다. 그리고 우리가 만든

최고 제품인 매킨토시를 출시한 지 딱 1년 후, 제가 서른 살이 되었을 때 회사에서 해고당했습니다. 제 손으로 세운 회사에서 쫓겨난 것입니다.

사실 회사의 성장을 위해 저는 함께 경영할 수 있는 유능한 인재를 외부에서 영입하였습니다. 처음 1년 동안은 잘 지냈지만, 시간이 흐를수록 미래에 대한 관점에 차이가 생기기 시작했습니다. 결국 의견 차이는 결정적인 갈등으로 이어졌고, 이사회는 그의 손을 들어주었습니다. 그렇게 저는 서른 살의 나이에 애플에서 쫓겨났습니다. 이 이야기는 널리 알려진 사실일 것입니다. 나의 인생을 걸고 쌓아 온 것들이 순식간에 수중에서 사라져 버렸습니다. 정말로 고통스러운 사건이었습니다.

회사를 떠난 뒤 한 달 정도는 망연자실한 상태로 지냈습니다. 저에게 지휘봉을 맡겼던 선배 기업가들을 실망하게 했다는 생각에 한없이 우울해졌습니다. 데이비드 패커드와 밥 노이스를 만나 모든 것을 망쳐 버려서 미안하다고 사과했습니다. 온 세상이 다 아는 실패였기 때문에 이대로 도망쳐 버리고 싶었습니다. 그러나 천천히 작은 희망이 다시 피어나기 시작했습니다. 저는 제가 해 왔던 일을 여전히 사랑하고 있었거든요. 애플에서 고통스러운 일을 겪었지만, 그래도 이 한 가지 사실은 변하지 않았습니다. 회사에서 쫓겨났음에도 저는 다시 한번 도전하고자 하는 마음을 갖게 되었습니다.

그때는 깨닫지 못했으나 애플에서 쫓겨난 것은 인생에서 가장 큰 행운이었습니다. 미래에 대한 확신은 사라졌지만, 회사를 발전시켜야 한다는 중

압감은 다시 한번 도전자가 되었다는 홀가분한 마음으로 바뀌었습니다. 애플을 떠난 후에야 저는 인생에서 가장 창의적인 시기를 맞게 되었습니다. 그 후 5년 동안 저는 넥스트라는 회사를 설립했고, 픽사도 인수했습니다. 그리고 아내가 될 멋진 여성, 로렌도 만나게 되었습니다. 픽사는 세계 최초의 3D 장편 애니메이션 영화 〈토이 스토리〉를 만들었고, 지금은 세계에서 가장 성공한 애니메이션 제작사가 되었습니다. 그러던 중 뜻밖에도 애플이 넥스트를 인수하면서 저는 다시 애플로 돌아가게 되었습니다. 넥스트에서 개발한 기술은 애플에서 진행하는 르네상스의 핵심이 되었습니다. 그리고 로렌과 함께 최고의 가족도 꾸릴 수 있었습니다.

만약 애플을 떠나지 않았다면 지금의 나는 존재하지 않았을 것입니다. 쓰디쓴 약이었지만, 저에게는 그 고통스러운 경험이 필요했던 것입니다. 최악의 상황에서도 신념을 잃지 않았고, 제 일을 진심으로 사랑했기 때문에 끊임없이 앞으로 나아갈 수 있었습니다.

여러분도 진심으로 좋아하는 일을 찾기 바랍니다. 일이든 사랑이든 마찬가지입니다. 일은 인생에서 커다란 비중을 차지합니다. 보람을 느끼는 단 하나의 방법은 마음속 깊이 멋지다고 생각할 수 있는 일을 하는 것입니다. 그리고 멋진 일을 끝까지 해내려면 그 일을 진정으로 사랑해야 합니다. 좋아하는 일을 아직 찾지 못했다면 계속해서 찾아야 합니다. 절대 멈춰 서면 안 됩니다. 진심으로 하고 싶은 일을 발견했을 때는 신기하게도 여러분 스스로 바로 알아챌 수 있습니다. 마치 진짜 사랑을 만났을 때처럼요. 시간이 지날수록 더 좋아질 것입니다. 그러니 계속해서 찾아야 합니다. 절대로 멈추지 마세요.

이 부분까지의 연설에서 새로운 메시지는 '미래를 향한 신념과 앞으로 나아가려는 자세의 중요성'으로 요약할 수 있다. 자, 이제 연설의 마지막 부분이다.

세 번째 이야기는 '죽음'에 관한 것입니다.
저는 열일곱 살 때 이런 말을 접했습니다.
"매일을 인생의 마지막 날이라고 생각하며 살아간다면, 언젠가 꼭 그렇게 될 것이다."
그 말은 제게 강렬한 인상을 남겼고, 그날 이후로 33년 동안 저는 매일 아침 거울 속 저에게 질문합니다. "만약 오늘이 인생의 마지막 날이라 할지라도 오늘 해야 할 일을 할 거야?" 이 질문에 "아니요"라는 대답이 며칠이고 계속된다면 그때는 잠시 삶을 다시 돌아봐야 합니다.
'나는 곧 죽을 것이다'라는 인식은 중대한 결단을 내려야 할 때 가장 도움이 됩니다. 왜냐하면 영원한 희망이나 자존심, 실패를 향한 두려움 같은 것들은 모두 죽음 앞에서 무의미해지기 때문입니다. 진정으로 중요한 것만이 남게 되죠. 언젠가 죽는다는 사실을 떠올리는 것이 실패를 향한 불안감에서 벗어나는 최고의 방법입니다. 우리는 모두 처음부터 벌거벗은 존재입니다. 그러니 자신의 마음에 따르지 않을 이유는 없습니다.

1년 전, 저는 암 진단을 받았습니다. 아침 7시 반, 진단 검사를 통해 췌장에 종양을 발견했습니다. 저는 췌장이 어디에 있는지조차 몰랐습니다. 의사는 췌장암은 예후가 좋지 않으며 길어야 반년 정도 살 수 있다고 말했습니다. 의사는 저에게 집으로 돌아가 신변을 정리하라고 했습니다. 한마디로 죽음을 맞이할 준비를 하라는 의미였고, 아이들에게 앞으로 10년에 걸쳐 이야기해 주고 싶었던 말을 단 몇 개월 안에 모두 해야 한다는 뜻이었습니다. 가족이 안심하고 살아갈 수 있도록 모든 것을 제대로 정리해야 하며, 이별을 고하라고 조언받았습니다.

하루 종일 진단 결과에 대해 생각했습니다. 그날 오후에는 조직 검사를 받았습니다. 목으로 들어온 내시경이 위를 지나 장까지 도달했습니다. 췌장에 세침을 찔러 종양 세포를 채취했습니다. 진통제를 먹었기 때문에 고통은 느낄 수 없었지만, 세포를 현미경으로 확인한 의사들의 표정이 바뀌었다고 아내가 말했습니다. 수술로 치료할 수 있는 췌장암이라는 사실을 알았기 때문입니다.

인생에서 죽음에 가장 가까이 다가갔던 순간이었습니다. 앞으로 수십 년 동안은 이런 일이 일어나지 않기를 바랍니다. 이러한 경험을 통해 저는 자신 있게 말할 수 있습니다. 죽음은 아마도 삶이 만들어 낸 최고의 발명품

일지도 모릅니다. 누구도 죽고 싶어 하지 않습니다. 천국에 가고 싶다는 사람조차 그곳에 가고 싶다고 죽기를 원하지는 않잖아요. 죽음은 우리 모두에게 정해진 목적지입니다. 죽음에서 벗어날 수 있는 사람은 한 사람도 없지요. 그것은 아주 당연한 이치입니다. 아마도 죽음은 삶의 가장 위대한 발명이며, 생물을 진화시키는 수단일 것입니다. 오래된 것을 없애고, 새로운 것을 창조합니다. 지금 여러분은 새로운 존재입니다만, 언젠가는 늙어서 사라지게 됩니다. 무거운 이야기를 하게 되어 미안하지만, 이것이 진실입니다.

여러분의 시간은 한정되어 있습니다. 그러니 진심이 아닌 인생을 살아가며 시간을 허비하지 마세요. 도그마교리나 신념에 얽매이지 마세요. 그것은 다른 사람의 생각대로 살아가는 것과 같습니다. 다른 사람의 생각에 푹 빠진 나머지 당신 안의 목소리가 사라지지 않도록 하세요. 그리고 무엇보다 중요한 것은, 자신의 마음과 직감에 따를 용기를 가지는 것입니다. 여러분의 마음과 직감은 자신이 정말로 무엇을 하고 싶어 하는지 이미 알고 있습니다. 다른 것은 뒤로 미뤄도 괜찮습니다.

제가 젊었을 때, 《The Whole Earth Catalog》라는 훌륭한 책을 만났습니다. 그 당시 우리 세대의 성서와 같은 책이었습니다. 멘로파크에 사는 스튜어트 브랜드Stewart Brand라는 작가의 작품으로, 시적이고 활동감 넘쳤습니다. 출판 기술이 디지털화되기 전인 1960년대에 타자기와 가위, 폴라로이드 카메라로 만들어졌습니다. 말하자면 구글이 종이책 버전이라

할 수 있습니다. 구글이 등장하기 35년 전에 쓰였는데, 이상주의적이고 뛰어난 생각으로 가득 찼습니다.

스튜어트와 그의 동료는 《The Whole Earth Catalog》를 몇 번이고 개정한 후 최종판을 출간했습니다. 1970년대 후반, 딱 여러분과 같은 나이대였습니다. 뒤표지에는 이른 아침의 시골길을 찍은 사진이 담겨 있는데, 여러분이 모험을 좋아한다면 히치하이크할 때나 마주할 수 있는 풍경입니다. 그 사진 아래에는 이러한 문장이 적혀 있습니다. 'Stay hungry, Stay foolish(늘 갈망하라, 우직하게 나아가라).' 저자의 작별 인사였습니다. 늘 갈망하라, 우직하게 나아가라. 저는 항상 그렇게 살고 싶습니다. 그리고 지금 졸업하여 새로운 인생의 첫걸음을 내딛는 여러분도 그러길 바랍니다.

늘 갈망하라, 우직하게 나아가라.

감사합니다.

연설은 이것으로 끝이다. 감동적인 연설이다. 마지막 파트에서는 '죽음이라는 현실을 받아들이고, 충실한 인생을 보내자'라는 메시지를 도출했다. 물론 메시지가 설명 전체에 섞여 있을 때도 있으므로 메시지가 언제나 처음부터 명확하게 순서대로 보이는 것은 아니다. 이번에는 연습을 위해 스티브 잡스의 명쾌한 연설을 예제로 사용했는데, 세 가지 메시지를 여러 근거가 뒷받침하는 구조로 되어 있다. 제시된 근거는 모두 스티브 잡스 자신의 에피소드다. 에피소드는 아무리 매력적이더라도 메시지와 연결되지 않는다면 과감히 생략해야 한다고 설명했다. 하지만 이 연설에서는 메시지와 스티브 잡스가 그러한 생각과 감정을 갖게 된 과정이 에피소드와 밀접하게 연결되어 있다. 스티브 잡스만의 경험이 강력한 근거가 되어 메시지의 현실성에 힘을 더해 준다. 어떠한가? 이 연설은 설득을 주된 목적으로 하지는 않았지만, 행동을 촉구하는 '설득력'은 정말 대단하다. 단순한 설명을 넘어서는 힘이 있다.

끝까지 읽고 나서 '성공과 실패, 사랑과 죽음 모두를 인생의 일부로 받아들일 것'이라는 핵심 메시지를 도출해 보았다. 더 단순하게 연설의 마지막 부분에서 반복한 '늘 갈망하라, 우직하게 나아가라'를 핵심 메시지로 설정해도 무방하다.

이 연설의 형식적인 목적은 '격려의 말을 전하는 것'이다. 이것은 졸업식이라는 TPO, 타깃 오디언스가 이제 사회로 나아갈 졸업생임을 고려하면 자연스럽게 설정된다. 만약 목적을 '스티브 잡스가 자신의 성공담을 말한다'로 잘못 설정한다면 같은 에피소드를 말했더라도 마음에 와닿는 연설이 되지는 않았을 것이다. 다음 그림은 해답의 예시로서 이번에 내가 작성해 본 메시지 하우스다.

```
┌─────────────┐                    ┌─────────────┐
│    목적      │                    │ 타깃 오디언스 │
│  격려의 말을  │                    │  스탠퍼드 대학교│
│   전하는 것   │                    │    졸업생     │
└─────────────┘                    └─────────────┘
```

핵심 메시지

성공과 실패, 사랑과 죽음도 인생의
일부분으로 받아들일 것
늘 갈망하라, 우직하게 나아가라

메시지 ①	메시지 ②	메시지 ③
실패와 곤경은 성장과 배움의 기회	미래를 향한 신념과 전진이 중요하다	죽음이라는 현실을 받아들여 충실한 인생을 보낸다
■ 대학 중퇴와 애플 해고 ■ 대학에서 들은 캘리그래피 수업이 폰트 설계에 도움이 됐다	■ 좌절 후에 넥스트, 픽사를 설립하여 성공했다 ■ 좌절 후에 아내를 만났다	■ 암 진단으로 죽음을 직면하고, 인생의 우선순위를 다시 생각하게 되었다 ■ 《The Whole Earth Catalog》라는 멋진 책과 만났다

사람에게 목적, 이유는 언제나 단순하지 않다. 많은 요소 중에서 우선순위가 높은 것이 드러나 나열되기도 하고, TPO나 수단·양식같은 외부 요소에 따라 결정되기도 한다. 그렇기 때문에 메시지를 전달하는 사람에게 직접 물어보지 않는 이상 진짜 의도는

알 수 없다. 이번 장은 '해석을 위해 메시지 하우스를 사용한다'라는 목적에 따라 메시지 하우스로 정리해 보았다. 따라서 이 책에서 소개하는 메시지 하우스도 하나의 예시에 불과하다. 설득의 커뮤니케이션에 맞춘 해석도 가능하고, 목적이나 타깃 오디언스의 설정을 해상도까지 고려해 조정하면 다른 요소도 배열할 수 있다. 이 책이 강조하고자 하는 커뮤니케이션의 본질을 다시 생각해 보길 바란다. 항상 절대적이고 완벽한 커뮤니케이션을 추구하기보다 '적당히'라는 태도를 갖추는 것이 사람 사이의 원활한 커뮤니케이션을 위한 중요한 비결이다.

〈스타워즈〉의 대사로 독해 연습하기

다음 예시는 영화 〈스타워즈Star Wars〉 시리즈다. 1978년에 개봉한 스타워즈 시리즈의 첫 작품 〈스타워즈 에피소드 4 - 새로운 희망〉의 대사 일부를 가져왔다. 오비완 케노비(벤 케노비)가 루크 스카이워커에게 루크의 아버지와 포스, 제다이 기사의 영광, 제국과 반란군의 전쟁 등에 대해 이야기하는 장면이다.

〈스타워즈〉 시리즈는 '오래전 멀고 먼 은하계'를 무대로 한 영화로, SF영화의 고전이자 최고봉이라 불린다. 주인공 루크 스카이워커는 스승인 오비완 케노비로부터 포스라는 신비한 힘과 더불어 다양한 것을 배우고 성장하며 포스를 다루는 제다이의 기사가 된다. 오비완으로부터 다스 베이더가 아버지를 죽였다는 말을 듣지만, 사실은 다스 베이더가 자신의 아버지라는 것을 알게 된다. 이후 아버지인 다스 베이더와 대치하며 최종적으로는 반란군과 제국군의 대립으로 흔들리는 은하계의 균형과 평화를 되찾는다. 이것이 〈스타워즈 에피소드 4 - 새로운 희망〉과 그 이후 속편 두 작품의 대략적인 줄거리다.

이제부터 다루는 장면의 커뮤니케이션은 여러 가지 설명과 더불어 마지막에는 상당히 강한 설득으로 전개해 나가는 예시다. 이 예시는 영화 속 대사를 바탕으로 하지만, 스티브 잡스의 연설처럼 메시지가 명확하고 깊이 있게 전달되므로 메시지 하우스 적용과 해석에 적합하다고 판단해 인용했다. 설명의 화자는 오비완(벤), 청자는 루크이며, 오비완의 설명을 바탕으로 메시지 하우스를 채워 보자.

루크: 아뇨, 아버지는 전쟁에 참가하지 않았어요. 전장에 나간 게 아니에요. 화물선 항해사였어요.

오비완: 삼촌은 그렇게 말했겠지. 그는 아버지와 다른 이상을 갖고 있었어. 그는 아버지가 여기에 있어야 한다고 생각했지.

루크: 아버지는 클론 전쟁에서 싸웠나요?

오비완: 그래, 나는 제다이의 기사였다. 너의 아버지도 마찬가지였지.

루크: 아버지를 만나고 싶었어요.

오비완: 네 아버지는 은하 제일의 파일럿이자, 야심 있는 전사였다. 그는 좋은 친구였지. 너도 훌륭한 파일럿이 됐다고 들었다. 그래서 생각이 난 것이겠지만, 네게 전해 주고 싶은 것이 있단다. 네 아버지가, 네가 충분히 자랐을 때 전해 달라고 했지. 하지만 네 삼촌이 허락하지 않았단다. 네가 내 뒤를 따라, 그러니까 오비완처럼 바보 같은 이상에 젖은 십자군처럼 되지 않도록. 네 아버지가 그랬듯이 말이다.

(중략: 오비완이 루크에게 광선검을 내민다.)

루크: 그게 뭐죠?

오비완: 네 아버지의 광선검이다. 제다이의 기사가 쓰는 무기지. 블라스터처럼 볼품없지도 않고, 대충 만들어지지도 않았지.

(중략: 루크가 버튼을 눌러 광선검을 기동시킨다.)

오비완: 더 문명화된 시대의 세련된 무기란다. 천 세대 이상에 걸쳐 제다이 기사는, 구세계의 평화와 정의의 수호자였지. 악의 시대가 오기 전, 제국이 등장하기 전까지는 말이다.

루크: 아버지는 어떻게 돌아가셨나요?

오비완: 다스 베이더라고 하는 젊은 제다이가 있었다. 내 제자였지. 그가 어둠의 힘에 빠지기 전까지는 말이다. 그는 제국의 편이 되어 제다이의 기사단을 파멸시켰단다. 그가 네 아버지를 배반하고 살해했지. 지금 제다이는 거의 다 사라졌어. 다스 베이더는 포스의 어두운 면에 유혹되었다.

루크: 포스요?

오비완: 포스는 제다이에게 힘을 부여하는 존재야. 모든 생물로 만들어지는 에너지장이란다. 포스는 우리를 에워싸고 은하계를 하나로 이어 주고 있지.

(중략: 로봇 R2-D2가 허둥대기 시작한다.)

오비완: 이제 너의 정체를 알고 싶지 않은가, 작은 친구여. 네가 어디에서 왔는지.

(중략: 반란군의 여왕, 레아 공주의 영상이 R2-D2를 통해 비치고, 얼데란까지 도우러 와 달라고 요청한다.)

오비완: 포스의 비법을 배우거라. 나와 함께 얼데란으로 가고 싶으면 말이다.

루크: 얼데란이요? 얼데란에는 안 가요. 집으로 갈 거예요. 시간이 너무 늦었어요.

오비완: 너의 도움이 필요하다, 루크. 레아 공주는 너의 도움이 필요해. 난 이미 나이가 너무 많다.

루크: 관여하고 싶지 않아요. 해야 할 일이 있어요. 제국을 좋아하는 건 아니지만, 아니, 싫어하지만, 그래도 지금은 아무것도 할 수 없어요. 얼데란은 너무 멀다고요.

오비완: 삼촌은 그렇게 얘기하겠지.

루크: 아, 삼촌. 삼촌에게 어떻게 말씀드리죠?

오비완: 포스에 대해 배우거라, 루크.

루크: 앵커헤드까지 배웅할게요. 거기에서 모스 아이슬리까지 가면 어디든 갈 수 있어요.

오비완: 루크, 네가 옳다고 생각되는 일을 하거라.

메시지 하우스는 잘 작성되었는가? 내가 작성한 메시지 하우스는 다음과 같다.

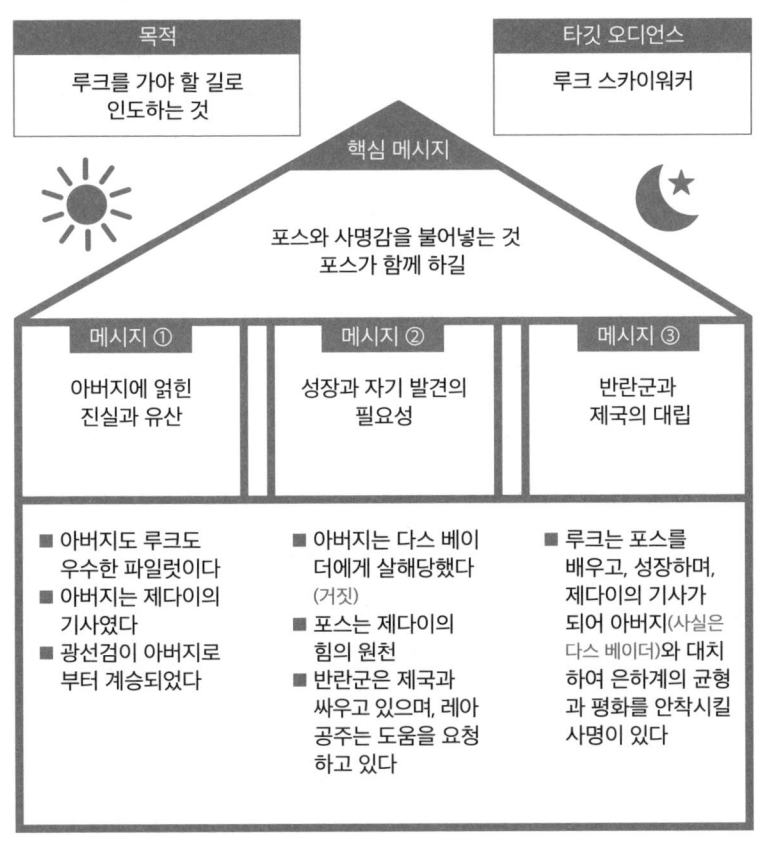

　근거는 〈스타워즈〉 시리즈에 친숙한 설정이다. 대사에 나오지 않는 내용까지 포함하여 보지 않은 사람들에겐 미안하지만, 루크의 아버지가 누군지, '제다이의 길'에 관한 오비완의 진심 등 이 장면만으로는 드러나지 않은 사실을 함께 설명하는 편이 이해에 도

움이 된다고 판단했다. 이 부분은 아무쪼록 독자 여러분의 양해를 부탁드린다. 대사에 포함되지 않은 진실을 근거로 든 것에 대한 변명은 아니지만, 자신이 설명하는 입장이 되었을 때도 구조를 머릿속에서 정리해 두면 근거로 적어 두더라도 실제 말할 때는 생략 가능하다.

핵심 메시지로 추출한 "포스가 함께 하길May the force be with you"은 〈스타워즈〉 시리즈를 알고 있는 사람에게 아주 친숙한 명대사일 것이다. 이것도 대사에는 등장하지 않으므로 반칙이라고 할 수 있지만, 이해를 부탁드린다. 〈스타워즈〉 팬으로서는 시리즈 초반부 오비완의 대사 속에도 친숙한 내용이 자연스럽게 녹아 있다는 사실을 새삼 깨달았다. 인용문으로 언급한 대화에서 루크는 처음에는 제안을 거절했지만, 오비완은 계속해서 루크를 설득하고 있다. 오비완과의 대화 후 집으로 돌아간 루크는 어떤 광경(자세한 내용은 영화를 통해 꼭 확인하기 바란다)을 보게 되고, 결국 여정에 합류하게 된다.

지금까지 널리 알려진 커뮤니케이션을 예시로 한 해석 연습을 해 보았다. 다시 한번 말하지만, 메시지 하우스는 세계 표준으로서 널리 활용될 만큼 간편함과 본질을 갖춘 구조다. 그러므로 일상생활이나 창작물의 세계 속 커뮤니케이션에 적용해도 그 유효성은 사라지지 않는다.

다음 장에서는 사내 회의나 영업 미팅과 같은 비즈니스 현장에서 설명의 힘이 필요할 때마다 어떠한 설명을 시도하면 좋을지 실천을 통해 배워 보도록 하자. 연습 문제로, 한 기업을 무대로 한 시나리오도 준비했다. 여러분 모두를 KMI 경영 컨설팅 주식회사에 초대한다.

5장

메시지 하우스로 비즈니스 주도하기

여기는 도쿄 메구로구에 사무실을 둔 'KMI 경영 컨설팅 주식회사(이하, KMI)'다. 이 회사는 창업한 지 5년째로 마케팅 지원에 강점을 지닌 경영 컨설팅 기업이다. 직원은 30명이며 작년도 매출은 3억 엔이다. 업계 내에서 규모가 큰 편은 아니지만, 실적은 매년 성장하고 있다. 인기 온라인 유료 동영상 강좌 'EVA' 시리즈와 관련 텍스트 판매로 각종 경영 관련 컨설팅(마케팅 이외에도 경영 전략, 조직 매니지먼트, 영업, 재무, 인사, 노무 등) 서비스를 제공하고 있다. 국내외 여러 업종에서 고객 기반을 넓혀 왔지만, 최근에는 신규 영업 수주 경쟁에서 연달아 고배를 마셨다. 사장인 이카리 겐지(48세, 남성)는 클라이언트와의 소통에서 메시지를 효과적으로 전하는 능력, 즉 설명력을 포함한 전반적인 커뮤니케이션 능력 부족을 최대 경영 과제로 여기고 있다. 그래서 사장은 기회가 있을 때마다 직원들에게 설명력 향상에 힘써 달라고 당부하고 있다.

그러던 중 KMI에 문의가 들어왔다. 상대방은 주식회사 젤렌(이하 젤렌)으로 '테크놀로지의 힘으로 사회를 업데이트하다'를 회사 비전으로 내건 IT 기업이다. 젤렌은 현재 자사의 마케팅 업무 개선을 원하고 있다. KMI 영업부장 가쓰라기 지사토(43세, 여성)는, 팀 리더인 두 사람, 이카리 신조(35세, 남성) 과장과 아야나미 레이코(33세, 여성) 과장에게 이 건을 맡긴다. 이카리는 회사 창립 멤버로 사장의 조카다. 붙임성은 좋지만 다소 우유부단하고 마음이 약하다. 아야나미는 고학력 엘리트 출신에 합리적인 사람이지만, 상대방의 감정을 배려하거나 원만한 인간관계를 쌓으며 일하는 데에는 다소 서툴다. 둘은 젤렌으로부터 무사히 계약을 따낼 수 있을까?

· 잡담 ·

재미있게 즐기듯 적당히 해결하기

이카리는 일주일 앞으로 다가온 젤렌과의 미팅에서 어떻게 영업하면 좋을지 아직 생각을 정리하지 못했다. 이에 이카리는 함께 미팅에 나설 아야나미와 가볍게 이야기를 나누며 생각을 정리하고, 영업 전략의 방향성을 점검하기로 결심했다. 이카리는 맞은편 대각선에 앉아 있는 아야나미에게 말을 건넸다.

이카리: 과장님, 젤렌 건 말인데요. 이제 슬슬 준비해야 할 것 같은데, 잠깐 시간 괜찮으세요?

아야나미: 미리 준비해 두었어요. (작성이 끝난 자료를 보여 주며) 우리 회사

의 강점은 마케팅이니까 그걸 중심으로 지원 메뉴를 설명하면 될 것 같아요. 구체적으로는 가격 전략, 제품 전략, 유통 전략을 제안하죠. 가격 전략으로는 젤렌과 동종 업계 회사인 AT 사의 사례를 소개합시다. 우리가 참여하고 난 후로 1년 만에 매출이 50퍼센트 이상 올랐을 거예요. 제품 전략으로는 간단한 경합 분석 결과를 소개할까 합니다. 다른 고객사인 야시마 사 사장이 나온 기사가 아마 있을 거예요. 그 사장님이 말한 에피소드를 참고 자료로 가져가죠. 유통 전략으로는 우리가 할 수 있는 것에는 한계가 있을 테니 EVA 시리즈의 동영상 강좌에 유료 회원으로 가입하도록 하고, 우선은 지식 습득을 돕는 것부터 합시다. 이 정도면 되겠죠?

이카리: ……대단하네요. 하지만 아직 젤렌 쪽의 이야기를 들어 보지 못했는데, 어떤 니즈가 있는지 모른 채 우리가 임의로 제안해도 괜찮을까요?

아야나미: 무슨 말이죠? 우리의 목적은 분명하잖아요. 마케팅에 강하다는 걸 실적으로 보여 주면서 EVA 시리즈도 소개하고, 바로 수주로 이어지도록 만드는 거죠. 상대방도 우리에게 뭘 의뢰해야 할지 자세히는 모를 테니 우리가 먼저 제안하고 하나씩 알아가도록 돕는 게 맞지 않을까요?

이카리: 그건 어디까지나 우리 입장이잖아요. 젤렌이 마케팅 지원을 기대하고 있는 건 잘 알지만, 그 제안에 프로모션 전략이 빠져 있어요.

아야나미: 프로모션 전략은 우리의 강점이 아니니까요.

이카리: 우리의 목적은 둘째치고, 우선은 젤렌 쪽 사장님의 이야기를 들어 보죠. 저라면 젤렌의 이야기를 성심성의껏 들으러 왔다는 점을 먼저 말하

고 싶네요. 분명 사장님은 여러 가지 생각을 이야기해 줄 겁니다. 우리는 늘 클라이언트에게 한 걸음 더 다가가는 자세를 중요하게 여긴다는 점, 감사 인사를 받은 적이 많다는 점, 그리고 담당하게 되면 온 힘을 다해 노력하겠다는 진심을 전하면 좋지 않을까요?

아야나미: 과장님 주장의 근거는 뭔가요?

이카리: 네? 근거라뇨, 전부 사실이잖아요.

아야나미: 과장님은 왜 미팅에 가세요? 우리가 봉사하러 가는 게 아니잖아요. 구체적인 지원 내용을 말하지 않으면 클라이언트가 우리에게 발주할 이유가 있을까요?

이카리: 수주 확보 여부보다는 클라이언트의 사정이 중요하다고 생각하는데요!

아야나미: 과장님, 솔직히 말하면, 이번에 사장님이 직접 부탁하셨어요. 과장님이 단독으로 움직이지 않도록 해 달라고 말이죠.

이카리: 삼촌이…….

아야나미: 죄송하지만, 지금은 뭐라고 말씀드려야 할지 모르겠네요.

▶ 작업: 난이도 ★★★☆☆

1. 아야나미의 설명으로 메시지 하우스를 작성해 보자.
2. 이카리의 설명으로 메시지 하우스를 작성해 보자.

* 메시지 하우스에는 반드시 모든 요소를 채우지 않아도 된다.

엇갈리는 두 사람의 머리와 마음에는, 아무래도 상당히 다른 메시지 하우스가 떠오를 것 같다. 다음은 참고할 수 있는 메시지 하우스다.

[아야나미의 메시지 하우스]

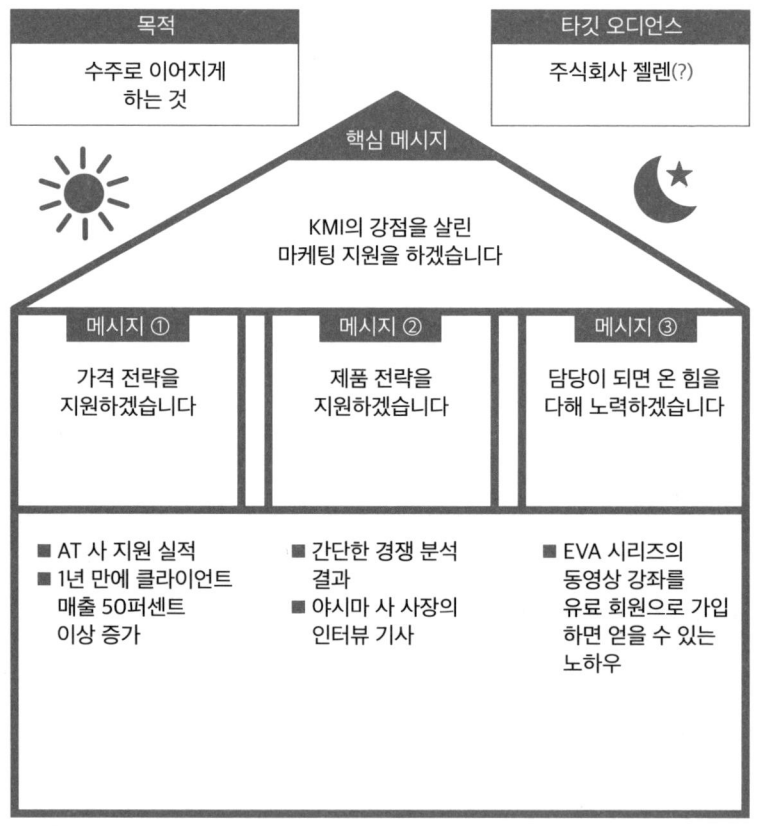

[이카리의 메시지 하우스]

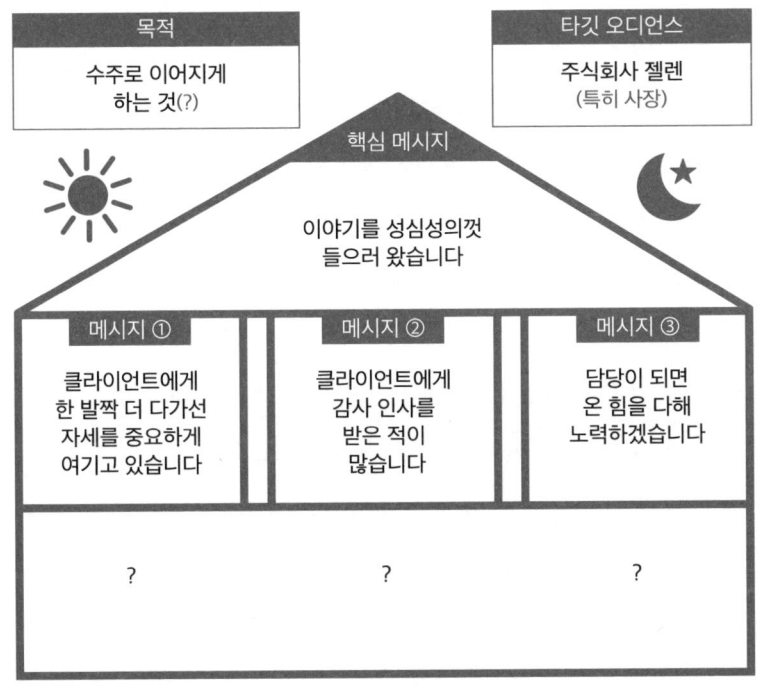

 우선 아야나미는 목적이 분명했다. '수주로 이어지도록 하는 것'이다. 한편, 이카리의 발언은 목적이 불분명하다. 컨설팅 회사 직원으로서 '수주로 이어지게 하는 것'이라는 명확한 목적을 갖고 있는지 의문이다. 그래서 물음표로 표시했다. 타깃 오디언스는 어떨까? 아야나미는 아무래도 젤렌을 상대방으로 인식하면서도 그 사정까지는 크게 신경 쓰지 않는 듯하다. 이카리는 오히려 제일 먼저 타깃 오디언스인 젤렌, 특히 사장 개인을 의식하고 있는 모양이다.

벌써 확실해졌다. 앞서 말했듯, 명백하고 전달이 잘되는 좋은 설명은 전달하는 사람의 목적과 듣는 사람인 타깃 오디언스, 양측의 사정을 모두 고려한 것이다. 자신의 목적도, 타깃 오디언스의 사정도 모두 중요하다. 두 사람이 엇갈리고 있다는 사실은 핵심 메시지에서 현저하게 드러난다. 아야나미의 핵심 메시지는 'KMI의 강점을 활용한 마케팅 지원을 하겠습니다'이며, 이카리의 핵심 메시지는 '이야기를 성심성의껏 들으러 왔습니다'일 것이다. 두말할 필요도 없이 핵심 메시지가 두 개인 설명은 듣는 이를 혼란스럽게 만든다. 혹은 핵심 메시지 없이 메시지만 두 개인 듯한 인상을 줄 수도 있다. 그러면 설명의 효과는 희미해진다. 이것 역시 문제다. 메시지는 물론 양측이 서로 다르기 때문이겠지만, 더 큰 문제는 이카리의 근거가 부족하다는 점이다. 실제로 아야나미가 지적한 바와 같이 이카리의 주장에는 구체성, 근거, 기반이 될 만한 것이 없어 모든 것이 물음표로 남는다. 이 설명으로는 진심은 전달될지 모르나 듣는 이의 입장에서는 남는 것이 없는 설명이 되지 않을까. 영업 미팅까지는 아직 시간이 있지만, 현시점에서는 양측 모두 명확하고 전달이 잘 되는 좋은 설명이나 설득에 미치지 못한, 어중간한 교섭에 그치고 있다.

메시지 하우스를 알고, 이해하며, 제대로 쓸 수 있도록 돕기 위해 시나리오는 메시지 하우스를 의식한 내용으로 구성했다. 흔히 있는 잡담은 훨씬 두서없고 결론도 없고 불필요한 정보로 가득 찬 설명 미만의 상태로 그치는 경우가 많을 것이다.

한편 메시지 하우스를 바탕으로 한 상태에서 특히 비즈니스에서의 잡담이란 무엇인지를 아래와 같이 정리했다. 그리고 이어서 잡담 잘하는 팁도 소개해 볼까 한다.

메시지 하우스를 바탕으로 한 잡담 대책

우선 잡담의 목적, 다시 말해 잡담은 무엇을 위한 커뮤니케이션인지 확인해 보자. 단도직입적으로 말하면, 특히 비즈니스에서 **잡담은 정신력·기술·체력을 정비하기 위한 커뮤니케이션**이라 할 수 있다. 다양한 커뮤니케이션을 시작하기 전에 하는 준비 운동, 스트레칭 같은 것 말이다. 정확하게 말하면 화자와 청자가 2인 1조가 되어 함께 하는 스트레칭이다.

스트레칭처럼 잡담도 여러 부위를 풀어내며 부드럽게 정돈하고 확인하는 것이 바람직하다. 몸의 앞, 뒤, 옆, 머리, 손, 몸통, 다리 등을 커뮤니케이션으로 빗대어 말하면 비언어 정보(표정, 제스처 등), 음성 정보(목소리의 크기나 높낮이, 리듬, 빠르기 등), 언어 정보 (언어 자체) 등으로 표현할 수 있다. 그러므로 특히 영업 미팅 전의 잡담은 사실 이것들을 여러 가지로 조율해 보는 시간이라 할 수 있다. 그리고 스트레칭은 몸과 마찬가지로 마음을 정돈하는 시간이기도 하다. 메시지 하우스를 포함한 다양한 전달 방식을 두서없이 맞춰 보는 것이다. 즉 정신력·기술·체력을 정비하는 시간이 잡담 시간이다. 비언어, 음성, 언어 정보의 차이는 요점만 간단히 설명했는데, 자세한 내용은 다음 장을 확인하길 바란다.

이제 잡담의 팁을 소개하고자 한다. 우선 다양한 서적에서도 다루고 있듯 잡담은 공통의 화제를 하나의 중심 소재(테마)로 삼을 때 자연스럽게 진행된다. 날씨, 최근 화제가 된 사건, 공통으로 알고 있는 지인에 관한 이야기 등이 전형적인 예다.

한편, 날씨라는 공통 화제가 아니라 사람들과는 다른 이야깃거리를 꺼냈을 때도 잡담이 활기를 띨 수 있다. 예를 들어, "사실 그 연예인은 내 동창인데……"와 같은 이야기를 하면 분위기가 고조된다. 전달자가 차별화된 이야기로 분위기를 띄운 후 "혹시 개인적인 친분이 있는 연예인 있나요?" 등으로 상대방을 언급하며 화제를 공통화시키고 차별화하는 방식이다. 결국 잡담은 공통화와 차별화의 반복이라 할 수 있다. 이 흐름을 의식해 보자. 잡담의 질이 달라질 것이다. 항상 절대적으로 완벽한 잡담을 하려고 하면 매우 따분하고 답답해질 것이다. 여기에서는 '재미있게, 즐기듯, 적당히' 하는 커뮤니케이션을 추천한다. 정신력·기술·체력을 유연하게 만드는 것이 목적이므로 유머를 섞어 즐기듯, 적당히 공통화와 차별화를 반복하면서 좋아하는 것을 이야기하는 것이 잡담의 비결이라 하겠다.

잡담인 만큼 당연히 형식에 딱 맞추거나 결론을 내릴 필요는 없다. 다만 아직 이카리와 아야나미는 정신력·기술·체력을 조율하거나 서로의 메시지를 맞춰 보는 관계는 아닐지도 모른다. 그럼, 다음 전개를 살펴보자.

· 회의 ·
높게, 넓게, 멀리,
그리고 낮게, 좁게, 가깝게로 해결하기

이카리는 아야나미와의 의견 차이를 끝내 조율하지 못한 자신을 반성하며, 설명력 부족을 절실히 느꼈다. 아야나미에게 지적받았듯 "무엇을 위한 영업 미팅인가?", "내 주장의 근거는 어디에 있는가?"를 되물어 본다. 그리고 중요한 영업 미팅을 앞두고 효과적인 설명 프레임워크를 공부한 결과, 이카리는 뭔가를 깨달은 듯하다. 오늘은 회의 형식의 사내 연수 강좌에서 부하 직원인 아스카 란(여성, 22세) 사원에게 '사회인으로서의 마음가짐'에 대해 설명하게 되었다. 대학을 졸업하자마자 입사한 아스카는 유학파에 기대주이지만, 사회인에게 요구되는 지식이나 경험은 이제부터 배워 나가야 한다. 이카리는 비장의 무기를 준비한 모양이다.

이카리: 오늘의 연수 주제는 '사회인으로서 갖춰야 할 마음가짐'입니다. 아스카 사원은 독일로 유학을 다녀왔죠?

아스카: 네, 그렇습니다.

이카리: 분명 독일은 언어나 습관, 문화, 상식 등이 우리와 다를 거예요. 하지만 제가 오늘 전하고 싶은 것은 어느 나라든 '사회인으로서 갖춰야 할 마음가짐'은 같다는 점입니다. 상대방에 대한 존중, 이것이 오늘 연수의 핵심입니다.

아스카: 잘 알겠습니다.

이카리: 중요한 건 '내가 먼저 상대방을 존중해야 상대방도 나를 존중해준다'입니다. 이 상호 존중이 연쇄 반응을 일으켜 사회인으로서뿐만 아니라 개인적으로도 더 나은 관계로 나아가는 출발점이 됩니다. 예를 들어 봅시다. 인사는 상대방의 존재를 인식하고 받아들이며, 실례하는 일이 없도록 경의를 표하는 행위입니다. 그러므로 사회인이라면 기분 좋게 여러 사람과 인사할 필요가 있습니다. 다음으로 신뢰도 중요합니다. 서로 존중하며 함께 일할 때 자연스럽게 상대방에 대한 신뢰도 쌓입니다. 마찬가지로 상대방도 나를 신뢰하게 되지요. 예를 들어, 분업은 아무리 자신이 잘하는 업무라도 자신이 전념할 수 있는 일과 상대방에게 부탁해야 하는 일로 구분해서 짧은 시간 내에 많은 성과를 내는 수단입니다. 물론 분업이 마음처럼 잘 안될 때도 있지만, 동료와 일을 나눠서 진행하면 일을 더 빠르게 끝낼 수 있고 신뢰도 함께 쌓을 수 있지요. 이해되시죠?

아스카: 네. 예전에 언니에게 "넌 그것도 몰라?"라는 말을 자주 들었는데, 어른이 되어 상의하게 된 후부터는 그런 말도 사라졌어요. 뭔가 서로를 존중하고 신뢰하게 된 것 같아요.

이카리: 맞아요. 하나 더 중요한 점은 사회인이 되면 다양한 입장을 경험하게 된다는 사실입니다. 입장에 따라 상대방에 대한 배려도 달라지는데, 필요한 배려를 받지 못하면 나에게 요구되는 역할을 다할 수 없게 되죠. 만약에 지금 아스카 씨가 예전의 언니처럼 저를 대한다고 하면, 연수는 제대로 진행되지 않았을 거예요.

아스카: 그렇네요. 무슨 말씀인지 알겠어요.

이카리: 그래서 다시 말하지만, 상대방에 대한 존중이 가장 중요합니다. 그것이 나를 향한 존중, 상호 존중, 상호 신뢰, 그리고 서로의 입장 배려 등으로 이어지게 되지요.

아스카: 무슨 말씀인지 잘 알겠어요. 감사합니다.

이카리: 다행이네요. 실은 설명을 잘할 자신이 없어서 고민했는데, 아스카 씨가 예전에 독일로 유학을 다녀왔었다는 말을 듣고 독일에서 선호하는 대화 방식이나 설명의 구조를 공부했어요. 급히 준비해서 활용해 봤는데, 역시나 긴장되네요.

작업: 난이도 ★☆☆☆☆

1. 이카리의 설명으로 메시지 하우스를 작성해 보자.

2. 이카리가 사용한 프레임워크는 무엇일까? (복수 답변 가능)

* 메시지 하우스에는 반드시 모든 요소를 채우지 않아도 된다.

이번 기회를 통해 이카리도 확실히 깨달은 모양이다. 아야나미와의 일 이후, 젤렌과의 미팅을 앞두고 사장이 요구하는 설명력을 갖추기 위해 꽤 공들인 듯하다. 그럼 모범 답안을 확인해 보자.

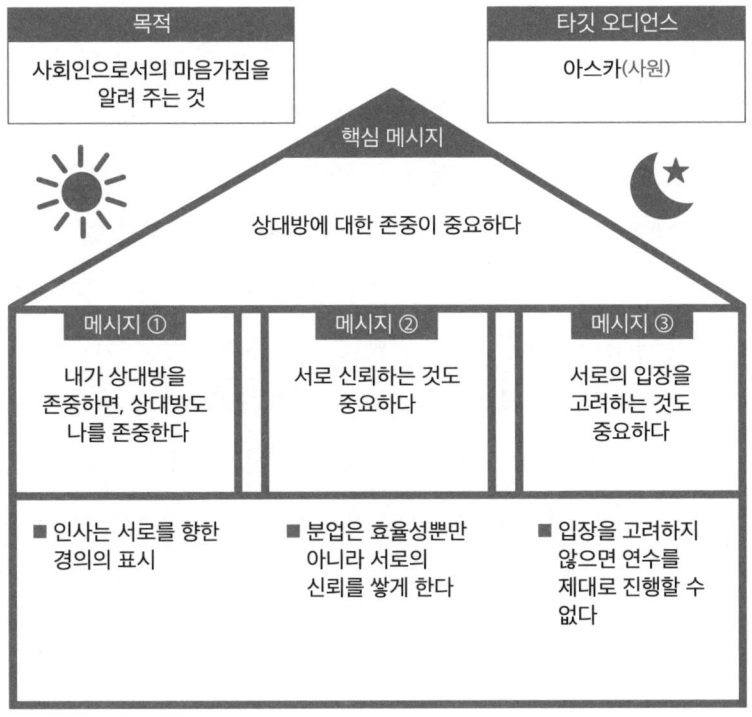

이번 메시지 하우스를 이미지로 만드는 것은 비교적 간단했을 것이라고 생각한다. 메시지 하우스의 각 요소도 서로 밀접하게 연결되어 있어, 상상하기 어렵지 않았을 것이다. 그리고 근거는 구체적인 사실이나 수치보다도 가설 같은 예시가 많았다.

한편, 이번에 주목하길 바랐던 내용은 독일 유학 경험이 있는 아스카 사원이 이해하기 쉽도록 이카리가 시도한 설명의 프레임워크에 관한 것이다. 제일 먼저 눈에 띄는 것은 역피라미드형 논리 구조다. '제가 오늘 전하고 싶은 것은', '이게 오늘 가장 전하고 싶은 말' 등의 말로 설명의 서두에 결론을 언급하고 있다. 그리고 난 후, 메시지나 그 근거가 되는 가설 등을 소개했다. 이 부분은 별로 어렵지 않았을 것이다.

그 외에도 PREP 법이나 SDS 법도 사용했다는 것을 알 수 있다. 처음에 포인트(SDS 법: 요약·개요)를 말하고, 이유나 예시(SDS 법: 상세 내용)를 제시한 뒤, 마지막에 다시 요점을 반복했다. 이카리는 유럽에서 역피라미드형 논리 구조 프레임워크가 주로 활용된다는 점을 미리 알고 의도적으로 적용한 것이다. 전형적인 설명 커뮤니케이션의 예시라 할 수 있다. 이러한 구조 덕분에 메시지 하우스도 매우 간결하고 명확하다.

메시지 하우스를 적용한 회의 대책

회의란 정보를 공유하고 의견을 나누며 합의를 이끌어 내는 커뮤니케이션이다. 회의에서는 데이터를 포함한 다양한 정보가 공유된다. 그리고 그 판단들이 표명된 것, 즉 의견도 공유된다. 이 과정에서 설명이나 설득, 때로는 교섭이나 화해를 위한 소통이 오간다. 그렇다면 회의에서 확인해야 할 것은 무엇일까? 그것은 의제가 '의논 계속'인지 '의제 해결'인지 판단하는 것이다. 다시 말해, 그 의제에 관한 의논을 계속할지, 아니면 이미 해결된 것으로 볼지 정하는 것을 뜻한다.

우선 회의는 합의하기 위한 커뮤니케이션이므로 의논의 주제인 의제가 필요하다. 의제는 어젠다agenda라고도 한다. 의제가 명확하지 않은 회의도 있다. 그런 회의에서는 회의 중에 정보나 의견을 정리하며 자연스럽게 의제가 드러나기도 한다. 어느 쪽이든 정해진 의제에 대해 이야기를 나누고, 합의를 이끌어 내는 것이 회의다. 회의에서의 합의란, 회의가 끝난 후에도 의제에 대해 의논을 계속할지, 혹은 의논을 종료, 즉 해결되었다고 할지에 대한 합의를 말한다.

또한 비즈니스 현장에서 회의 준비란 대개 의제 준비나 그에 따른 자료 작성인 경우가 매우 많다. 회의에는 잡담이 섞이는 경우도 많다. 반대로 조금 전 살펴본 이카리와 아스카의 대화처럼 잡담에 회의가 포함된 듯한 형태는 오히려 적을 것이다. 한마디로 회의력에는 잡담력도 포함된다고 할 수 있다.

이제 메시지 하우스를 바탕으로 한 회의에서의 커뮤니케이션 기술을 소개하고자 한다. 이는 메시지 하우스 작성 방식과도 유사하다. 회의는 다양한 정보나 의견을, 합의된 형태로 채워 나가는 작업이므로 메시지 하우스를 만들 때처럼 발산하는 단계, 조정하는 단계, 수렴하는 단계 등이 있다. 먼저 의논을 확장(발산)시킬 때는, 생각을 '높게, 넓게, 멀리' 뻗어 나가게 해 보자. 아이디어 창출 단계, 예를 들어, 브레인스토밍과 같은 상황에서도 자유롭게 의견을 내놓는 것이 중요하다. 말하자면 높이, 폭, 거리를 늘려 가듯 논의를 '높게, 넓게, 멀리' 확장해 나가는 것이 생산적인 회의의 첫걸음이다. 거꾸로 논의를 수렴할 때는 높이, 폭, 거리를 줄이듯 '낮게, 좁게, 가까이'를 의식하며 발산된 의견 중 핵심을 모으고 정리해 나간다. 이처럼 의논의 발산과 수렴을 계속하면서 최종적으로는 회의 목적에 부합하는 최적의 합의를 도출하는 것이 회의 커뮤니케이션의 핵심이다. 발산할 때는 답변의 방향성이 자유로운 열린 질문이 사용되고, 수렴할 때는 답변의 선택지가 좁은 닫힌 질문이 사용될 때가 많다. 열린 질문과 닫힌 질문은 다음 장에서 더 자세히 다룰 예정이니 참고하길 바란다.

· 영업 미팅 ·

공감력을 넓힌, 정확하고 놀라운 커뮤니케이션으로 해결하기

젤렌 사의 응접실로 들어간 이카리와 아야나미. 둘은 일주일 전 의견을 나눈 이후로도 오늘 미팅을 위해 조율을 계속해 왔다. 그 과정에서 서로 부족했던 관점을 보완해 자료를 준비한 것으로 보인다. 아야나미의 제안에 따라 젤렌 사의 의견을 기다리기보다, 이미 준비한 아야나미의 자료를 조금 더 보강하여 KMI가 제안할 수 있는 내용을 전달하기로 했다. 이카리는 젤렌 사의 고토 나기 사(55세, 남성) 사장과의 친분 쌓기에 전념하기로 했다. 이카리와 아야나미, 각자의 강점을 살린 합리적인 전략이다. 영업 미팅은 인사와 간단한 대화로 시작되었고, 곧 아야나미가 KMI의 제안을 전달하는 본론으로 자연스럽게 화제를 전환했다.

아야나미: 저희 KMI는 귀사가 당면한 마케팅 과제를 위해, 저희의 강점인 풍부한 실적과 축적된 노하우를 바탕으로 최선을 다해 지원할 것입니다. 특히 가격 전략에서 강점을 가지고 있습니다. 실례로, 대형 업체인 AT 사에 지원한 결과, 1년 만에 매출이 50퍼센트 이상 증가했습니다. 또한, 부수적으로 재무 지원도 함께 제공하고 있습니다. 이러한 경험을 바탕으로, 귀사에도 AT 사와 유사한 고가격 전략을 제안드리고자 합니다.

고토 사장: 대단하네요.

아야나미: 이와 더불어 저희는 젤렌의 제품 전략을 지원하겠습니다. 특히 제품의 부가 기능을 확충하는 전략을 추천합니다. 이건 저희가 사전에 실시한 간단한 경쟁 분석 결과입니다만, 타 회사에 비해 젤렌은 부가 기능의 확충에 있어서 아직 무궁무진한 가능성을 지니고 있습니다. 그리고 이건, 경쟁사인 야시마 사 사장의 인터뷰 기사입니다. 기사에서는 부가 기능으로서의 애프터 서비스와 그 중요성에 대해 언급하고 있습니다. 차별화보다는 타사에 뒤처지지 않기 위해 부가 기능을 강화하는 것도 좋은 전략이라고 생각합니다.

고토 사장: 그렇군요.

아야나미: 네. 그리고 마지막으로 유통 전략 지원 방향성에 대해서도 말씀드리고자 합니다. 오늘은 먼저 귀사의 의견을 충분히 듣고, 그에 맞춰 보다 적절한 전략을 검토해 보겠습니다. 이와 더불어 저희 KMI에서 제작한 동영상 강좌인 EVA 시리즈를 소개해 드리고 싶습니다. 해당 시리즈는 유

통 전략 외에도 마케팅 아이디어나 최신 트렌드 등을 제공하고 있으니 가입을 권해 드립니다. 참고로 계약 고객에게는 별도의 가격 혜택을 제공하고 있습니다.

고토 사장: 잘 알겠습니다. 매우 중요한 지적을 해 주셨네요. 제안 주셔서 감사합니다. 잠시 저희 쪽 이야기를 해도 될까요? 우선 젤렌의 비전이 뭔지는 알고 계십니까?

(아야나미와 이카리가 서로 얼굴을 마주 보고는 이내 고개를 가로젓는다.)

고토 사장: 괜찮습니다. '테크놀로지의 힘으로 사회를 업데이트하다'입니다. 이를 위해 좋은 제품을 더 많은 사람이 합리적인 가격에 사용하는 것을 목표로 하고 있습니다. 따라서 고가격 전략은 저희의 방향성과 다소 맞지 않습니다. 그리고 애프터 서비스에 대해서는 사실 이미 소비자에게 좋은 평가를 받고 있고, 업계에서도 야시마 사가 오히려 저희 젤렌의 뒤를 따라오고 있다고 평가하고 있습니다. EVA 시리즈는 이미 잘 알고 있습니다. 인기가 있으니까요. 다만 지금 저희가 마케팅 과제로 삼고 있는 것은 프로모션 분야입니다.

이카리: 죄송합니다. 사장님의 생각을 먼저 정확히 파악했어야 했는데 그러지 못했습니다.

고토: 아닙니다, 괜찮습니다. 다만 프로모션 전략에 대해, 그리고 KMI의

실적은 물론이거니와 그것이 젤렌에 어떤 실질적 변화를 줄 수 있는지 더 듣고 싶었습니다. 젤렌의 비전을 고려한, 사회적으로 바람직한 회사 경영과 사업은 어떻게 하면 좋을지 말이죠. 어려울까요?

아야나미: (……) 아니요, 확인하여 다시 구체적인 제안을 드리겠습니다.

이카리: 최선을 다하겠습니다. 앞으로 잘 부탁드립니다!

고토 사장: 감사합니다. 너무 심각하게 생각하지 마세요. 괜히 제가 곤란하게 해 드린 건 아닌지 모르겠네요. 그럼 또 뵙지요, 이카리 과장님.

> 작업: 난이도 ★★★★☆

1. 아야나미의 설명으로 메시지 하우스를 작성해 보자.
2. 어떤 점에서 메시지를 개선하면 좋을까? (복수 답변 가능)

* 메시지 하우스에는 반드시 모든 요소를 채우지 않아도 된다.

예상대로 분위기가 꺾이고 말았다. 무엇이 문제였을까? 어떻게 하면 좋았을까? 다행히 다시 제안할 기회를 얻긴 했지만, 다음에는 어떻게 접근해야 할까? 이 책은 마케팅이 아니라 커뮤니케이션에 초점을 둔 책이므로 그 관점에서 개선점을 찾아보자. 우선 다음 그림은 메시지 하우스의 모범 답안이다.

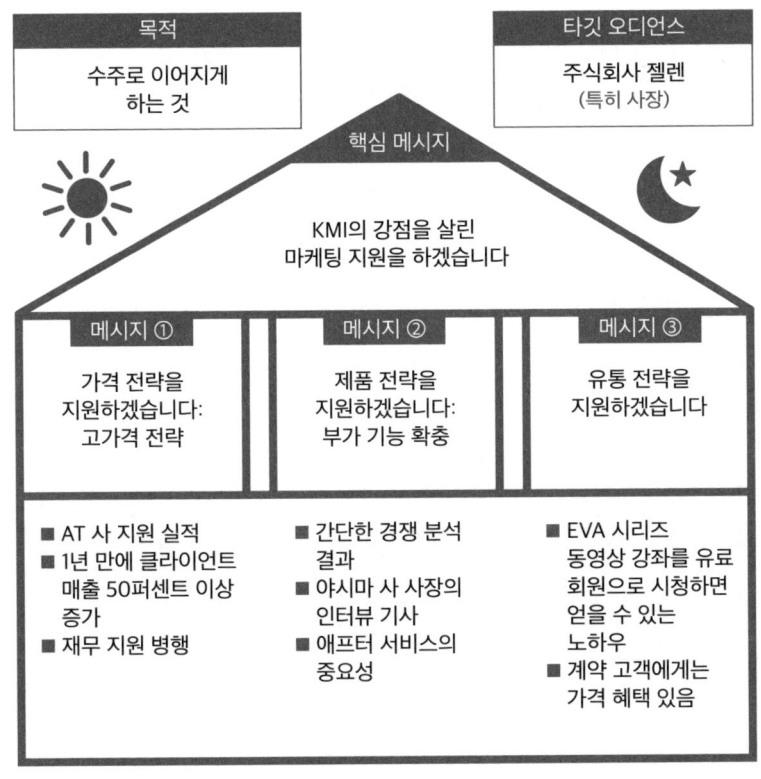

 메시지 하우스의 구성은 비교적 완성도가 높다. 두 사람이 잡담했을 때처럼 한쪽은 목적, 다른 한쪽은 타깃 오디언스를 고려하지 않았다는 치명적인 문제점은 없었다. 핵심 메시지도 결국 하나로 정리되었고, 메시지나 근거도 처음보다는 훨씬 구체적으로 보완되었다. 하지만 역시 타깃 오디언스에 관한 이해가 부족했다는 점은 부정할 수 없다. 특히 상대방이 자사의 비전으로 내걸고 있는 것을 두 사람 모두 놓치고 있었다는 점이 아쉽다. 그래서 가격 전략도, 제품 전략도, 잘못된 평가를 내리게 된 것이다.

다른 관점에서 보면, 아야나미는 목적을 이루는 데에 비중을 너무 크게 두고 있다. 수주라는 결과만을 지나치게 의식한 탓일까. 혹은 자사의 강점이니까 일단 제안하자는 식의 자사 중심적 접근이 너무 강했기 때문일지도 모른다. 한편, 이카리는 대화를 주도하는 역할이 아니었지만, 근거를 포함한 사전 정보를 제대로 확인하지 못했다. 아야나미가 더 제대로 대응할 수 있도록 준비해야 했다. 커뮤니케이션 측면에서도 단지 진심을 전달하는 것만으로는 어려운 상황에서의 영업 미팅을 성공시키기란 쉽지 않다.

메시지 하우스를 바탕으로 한 영업 미팅 대책

영업 미팅이란 어떠한 커뮤니케이션일까? 제품을 구매하게 만드는 것, 계약을 성사시키는 것, 대금을 받는 것, 조금 더 거창하게 말하면 **비즈니스 파트너가 되기를 제안하는 커뮤니케이션**이라 할 수 있다. 제품을 사는 것도, 계약을 체결하는 것도, 돈을 받는 것도, 결국은 비즈니스 파트너가 되도록 설득하여 상대방이 이를 받아들인 결과다. 따라서 영업 미팅을 할 때 확인해야 하는 것은 양측의 비즈니스상 이해관계와 상대방과 나의 관계적 가치, 바꿔 말하면 좋은 관계를 쌓았는지 여부다.

우선 영업 미팅이란 비즈니스 파트너가 되기를 제안하는 자리이므로, 그 안에 비즈니스로서의 이해관계가 얽혀 있다. 어느 부분이 상대방에게 이익이고 손해인지, 반대로 나에게는 어떤 득과 실이 있는지, 이것을 경제적 관점에서 파악하는 것이 요구된다. 그리고 상대방과의 관계성에는 이해관계뿐만 아니라 호감도, 편안함 등 감정적인 측면도 있다. 상대방이 사회적으로 어떤 위치에 있는지(대기업, 외국계 기업, 유명 기업 등)에 따라 관계의 성격은 달라진다. 이 정보들을 확인하는 시간이 영업 미팅이다. 이러한 정보의 틀을 만드는 기술은 메시지 하우스를 효과적으로 사용하기 위한 핵심이며, 이에 대해서는 다음 장에서 다시 한번 언급하기로 한다.

이미 눈치챘을 수도 있지만, 영업 미팅은 회의의 성격도 지닌다. 다양한 합의를 이끌어 내는 대화라고도 할 수 있다. 즉 영업 미팅은 논의 성격도 포함하고 있어, 영업 미팅 능력이나 회의력을 포함한 더 종합적인 커뮤니케이션이라 할 수 있다. 그래서 메시지 하우스를 바탕으로 한 영업 미팅의 비결은 커뮤니케이션상의 다양한 과제를 해결할 실마리가 되는, 범용성이 높은 방법이다.

영업 미팅을 포괄하는 다양한 커뮤니케이션에서 난관에 부딪

히게 되면 공감력을 넓힌, 정확하고 놀랄만한 커뮤니케이션을 목표로 삼아 보자. 종종 커뮤니케이션에서 이성적이고 합리적인 측면에 얽매여 꼼짝도 못 하게 되는 경우가 있다. 머리가 아플 정도로 여러 가지 가능성을 생각했지만, 아무리 고민해도 합리적인 결론이 나오지 않아 합의에 이르지 못했던 경험이 있을 것이다. 그럴 때는 잠시 한숨 돌리고 상대방의 입장에 서서 어떻게 하면 상대방의 마음에 공감할 수 있을지 생각해 보자. 그리고 상대방도 나의 입장에 서서 내가 어떤 마음인지 헤아려 보도록 유도해 보자. 잠시 멈춰 공감을 바탕으로 한 커뮤니케이션에 집중하면, 조금 전까지만 해도 막혀 있던 문제가 의외로 쉽게 풀릴 때도 있다. 그리고 대화의 전제나 근거, 이를 연결하고 있는 논리 구조에 문제가 있었다는 사실을 뒤늦게 깨닫는 경우도 많다. 의논의 전제, 조건을 다르게 인식하고 있다면 최적의 합의에 도달하기 어렵다. 즉 대화의 전제, 토대가 되는 정보가 정말로 정확한지를 확인하는 것이 영업 미팅의 성패를 가르는 핵심이다.

교착 상태를 타개하기 위해 조금씩 관점을 달리하며 새로운 전개를 찾아보는 것은 어떨까? 종종 예상외의 전개로 단번에 문제를 해결하는 경험을 할 때가 있다. 의외의 사실 surprising fact, 서프라이징 팩트이 발견되면 문제 해결 속도가 빨라진다. 커뮤니케이션 기술 중 하나로 잠시 웃으며 가볍게 이야기를 나누면, 휴식이 끝난 후에도 놀랄 만큼 분위기가 부드러워질 수 있다.

　이러한 내용들을 정리하면 공감력을 넓힌, 정확하고 놀라운 커뮤니케이션이 된다. 커뮤니케이션이 원활히 진행되지 않을 때는, 공감 부족이나 정보의 부정확성, 그동안 놓쳤던 사소한 실수가 오히려 해결의 실마리가 되는 경우도 적지 않다. 이는 경험에서 우러나온 조언이다.

　영업 미팅은 철저히 준비해야 하지만, 상대방이 어떻게 나올지는 뚜껑을 열어 보지 않으면 알 수 없다. 짧은 시간 안에 자신과 상대방의 입장을 파악하고, 어떻게 하면 서로의 비즈니스를 Win-Win의 결과로 이끌 수 있을지 수면 아래에서 끊임없이 고민해야 하는 자리다. 고토 사장은 역시 대단했다. 방향성이 다른 제안을 하는 아야나미와 이카리의 설명을 우선 긍정적으로 반응하며 경청한 후, 자신이 전하고 싶은 내용(핵심 메시지)을 자연스럽게 전달했다. 여기에는 다음 장에서 소개할 기술이 자연스럽게 녹아 있다. 다음에 제안할 때는 어떻게 메시지를 개선하면 좋을까? 두 번째 질문에 대한 답변은, 다음 이야기에서 상사인 가쓰라기 부장에게 배워 보도록 하자.

· 보고, 연락, 상담 ·

설명에 포커스를 맞춰 해결하기

회사로 복귀한 두 사람은 가쓰라기 지사토 영업부장에게 미팅 결과를 보고했다. 이야기를 들은 가쓰라기 부장은 영업부장으로서 두 사람에게 피드백한다.

가쓰라기: 그랬군. 두 사람 모두 수고했어요. 좋은 공부가 됐겠네. 상대 쪽 이야기를 청취하는 과정이 없었다는 점도 문제지만, 젤렌의 비전이나 시장 내 평가를 제대로 확인하지 않은 점은 두 사람 모두 깊이 반성해야 합니다. 다음 제안의 방향성은 이제 확실히 정해졌겠죠, 아야나미 과장?
아야나미: 네, 프로모션 전략입니다.

가쓰라기: 프로모션 전략이라…… 젤렌 측 상황이나 문제의식, 과제 등 의견 청취는 다시 제대로 해 뒀습니까?

아야나미: 아니요, 아직입니다.

가쓰라기: 메일이나 전화를 활용해서, 젤렌 쪽에 먼저 연락해 가능한 한 많은 정보를 수집해 주세요. 제안 자체는 처음부터 다시 만들지언정 전달 방식 부분에서는 개선점이 있을 거예요. 우선, 고객의 이해도나 논리 구조뿐 아니라 감정적 분위기나 관계적 가치 측면에서도 원활한 대화 분위기를 조성했는지 돌아볼 필요가 있습니다. 그런 부분이 부족해서 제안 방향이 어긋났고, 대화를 나누기 쉬운 분위기를 만들지 못해 의견 청취도 원활하지 않았던 것 같네요. 이 부분은 이카리 과장이 오늘 중으로 감사 메일이나 전화를 해서 다음 미팅 전까지는 개선할 수 있겠죠?

이카리: 네!

가쓰라기: 그리고 우리가 젤렌의 비즈니스 파트너가 되려면 젤렌 측에 앞으로 우리와 함께 나아가는 미래의 이미지를 심어 줄 필요가 있습니다. 상대방도 어떠한 변화가 일어날지 궁금해할 수밖에 없습니다. 그 마음, 잘 압니다. 그리고 '테크놀로지의 힘으로 사회를 업데이트하다'라는 명확한 사회적 비전을 내세우는 만큼, 단순히 '매출을 끌어올리겠습니다'라는 식의 제안으로는 부족합니다. 알겠나요?

아야나미: 네, 알겠습니다.

가쓰라기: AT 사에 제공한 가격 전략 지원은 좋은 예이긴 합니다. 하지만

그 안건도 AT 사 사장의 의견은 물론, 여러 관계자 모두의 의견을 들은 후에야 비로소 적합한 계획을 찾아낸 거예요. 이번에 견적이나 프로젝트 스케줄도 제시했겠지만, 이 부분을 좀 더 정교하게 다듬으면 상대방이 그릴 수 있는 미래의 이미지가 더 선명해질 거예요. 스즈하라가 진행했던 프로젝트 중에 비슷한 자료가 있을 테니까 꼭 참고해 보도록 하세요. 그리고 센트럴 사의 사례나 도그마 사의 사례도 사회성을 의식한 안건이었던 걸로 기억합니다. 그 부분도 같이 확인하도록 하세요.

이카리, 아야나미: 네, 알겠습니다!

가쓰라기: 기적을 기다리기보다는 스스로 기적을 만들어 봅시다. 힘냅시다!

> 작업: 난이도 ★★☆☆☆

가쓰라기 부장의 설명으로 메시지 하우스를 작성해 보자.

* 메시지 하우스에는 반드시 모든 요소를 채우지 않아도 된다.

보고, 연락, 상담의 한 장면을 살펴보았다. 영업부장답게, 가쓰라기 부장의 설명은 메시지 하우스 이미지로 정리하기에 적절하다. 또한 방금 전 두 번째 질문에 대해서는 그녀가 제시한 개선점들이 답변이 되었을 것이다. 이제 메시지 하우스의 모범 답안을 살펴보자.

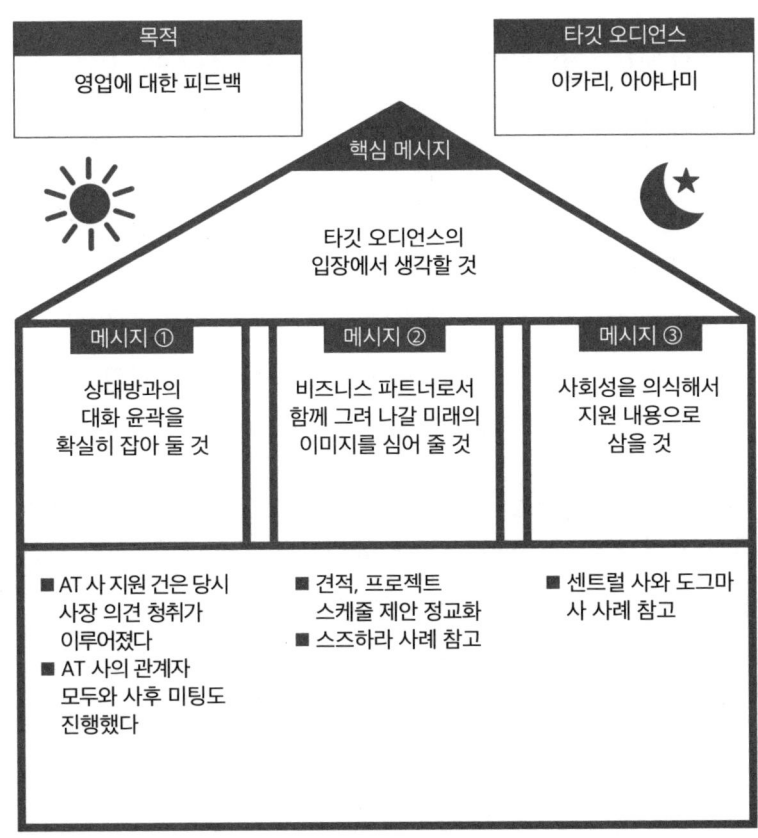

두 번째 질문에 대한 답변은 가쓰라기 부장의 메시지 ①, ②, ③에 담겨 있다. 구체적으로는 어떻게 하면 좋을까. 자세한 내용은 다음 장에서 확인해 보도록 하자.

메시지 하우스를 바탕으로 한 보고, 연락, 상담 대책

보고, 연락, 상담은 한마디로 특정 상황을 관계자에게 설명하기 위한 커뮤니케이션을 뜻한다. 다시 말해, 보고, 연락, 상담에 설득, 교섭, 화해와 같은 커뮤니케이션은 필요하지 않다. 특히 상담은 설명 이상의 것에 치중하면 다른 사람에게 조언을 구하는 상담 본래의 목적보다는 상대방을 회유하는 설득으로 변질되기 쉽다. 물론 연락이나 보고는 조금 더 사실을 전달하는 데에 무게를 둔다. 이와 같은 인식은 실무 요령을 고민할 때도 마찬가지다. 전달자가 정보를 어느 정도까지 공유했는지, 또한 듣는 이가 정보를 얼마만큼 이해했는지 확인해야 한다.

여기서 말하는 요령이란 설명에 초점을 맞추는 것이다. 보고나 연락에서는 특히 중요하다. 보고, 연락, 상담에서 설명보다 자신의 의견이나 이해관계 조정에 초점을 맞추어 설득, 교섭, 화해에 무게가 실리면 전달자의 주관이 지나치게 많이 개입된다. 그 결과 듣는 이는 상황을 이해해야 하는 처지가 되어 버린다. 근거에 전달자의 주관이 개입되면 좋은 설명이 되지 못한다.

보고, 연락, 상담에서는 메시지 하우스가 자주 등장한다. 이는 아야나미의 특기인 논리 정연하고 효율적인 커뮤니케이션이 요구되는 상황이다. 짧은 시간 내에서도 알기 쉽게, 때로는 듣는 이의 바쁜 상황을 고려한 보고, 연락, 상담이 필요하다. 메시지 하우스의 메시지 ①, ②, ③도 간결하게 정리하고, 설명할 때 사용할 근거도 꼭 필요한 핵심 내용만 남기는 것이 좋다.

이제 이야기도 막바지에 접어들고 있다. 이카리와 아야나미가 다음 비즈니스 미팅을 위해 새로운 자료를 준비하던 중, 가쓰라기 부장의 호출을 받았다. 젤렌 사에 가기 전, 사장님 앞에서 프레젠테이션을 한번 해 보라는 지시를 받았다고 한다.

· 프레젠테이션 ·

설득, 교섭, 화해에 포커스를 맞춰 해결하기

사장: 들어오세요.

(이카리와 아야나미가 사장실로 들어간다.)

사장: 가쓰라기 부장한테 이야기는 들었네. 왜 이런 일이 생겼는지, 설명을 듣고 싶네.
아야나미: 죄송합니다. 다음 제안을 위해 내용을 수정했습니다.
사장: 결론이 아니라 경위를 자네들의 입을 통해 듣고 싶단 뜻이야. 무슨 일이 있었으며, 지금은 뭘 하고 있는지, 그리고 앞으로 어떻게 할지 말이야.
이카리: 한동안 다른 안건을 처리하면서 열심히 챙겼습니다.

사장: 변명은 필요 없네. 어떻게든 책임을 져야 하지 않겠어? 됐고, 시작해 보게.

(이카리와 아야나미가 프레젠테이션을 준비한다.)

이카리: 그럼, 곧 있을 젤렌 사와의 제안 미팅에 앞서, 현재 준비된 안을 바탕으로 프레젠테이션을 시작하겠습니다. 지난번 젤렌 사 고토 사장님과의 미팅 후, 메일과 전화로 고객사의 상황과 니즈, 생각, KMI에 대한 기대 사항 등의 정보를 파악하는 데에 노력했습니다. 그리고 자사 및 타사의 사례 등을 종합적으로 조사했습니다. 그 결과, 프로모션 전략 중에서도 '사회의 존경과 신망을 모으는 평판 향상을 위한 광고 활동'을 젤렌 사에 제안하고자 합니다. 단순한 마케팅 지원에 그치지 않고 '테크놀로지의 힘으로 사회를 업데이트하다'를 비전으로 삼고 있는 젤렌 사의 사회적인 대응 활동을 함께 지원하는 것을 목표로 설정했습니다. 이와 관련하여 광고나 선전과 같은 직접적인 수단보다도 제삼자의 지지를 이끌어 내는 '홍보' 활동을 중심으로 제안하고자 합니다. 이 부분은 고토 사장님의 의견을 반영해 도출한 결과입니다.

아야나미: 이제부터는 제가 설명하겠습니다. 이 제안의 방향성과 목적, 고객사의 기대를 반영해 총 세 가지 활동을, 약 6개월간 진행할 예정입니다. 우선 첫 3개월 동안은 메시지 전략 지원부터 시작합니다. 이 부분은 예전

에 진행했었던 센트럴 사와 AT 사의 사업과 관련한 실적을 소개할 예정입니다. 젤렌 사가 보내는 메시지가 대외적으로 주목받도록 메시지에 관해 연구했습니다. 예를 들어, '업계 1위의 애프터 서비스 제공'과 같은 메시지 말이죠. 그리고 예산은 3개월에 이 정도 금액을 예정하고 있습니다.

다음 2개월은 설정한 메시지의 청자로서 각 스테이크 홀더stakeholder, 기업의 이해관계자를 정리합니다. 예산은 이 정도입니다. 저희가 도그마 사를 지원했을 때 실시한 조정 등을 참고 사례로 소개합니다. 조사 결과, 고토 사장님은 올해 젤렌 사의 홈페이지에도 발표했듯이 지금까지는 연결 고리가 없었던 매스 미디어나 해외 시장 관계자와도 관계를 구축해 나갈 예정이라고 합니다. 그리고 저희 쪽 제휴사 의견에 따르면 젤렌 사는 해외 시장에서도 인지도가 높은 편입니다.

반년 중 나머지 1개월은 조정 기간이나 다음 계약을 향한 제안 기간으로 확보했습니다. 예산은 이 정도 금액으로 상정했습니다. 고객 측에는 반년 후의 전망으로서 접근 방식에 대한 개요를 사전에 간단히 전달해 둘 예정이며 프로젝트 타임라인과 함께 제안하려 합니다.

사장: 프로모션 분야에 있어서 우리의 실적은 어떻게 생각하나, 아야나미?

아야나미: 솔직히 프로모션 쪽은 약한 편입니다. 젤렌 사의 기대에 부응하기 위해 반년 후에는 예전부터 제휴 실적이 있는 롱기누스 사와 제휴를 이어가면서 진행할 예정입니다. 초기 대응은 롱기누스 사와의 제휴로 진행하고, 그다음에는 1년 간의 장기 지원 계획을 제안하고자 합니다. 웹사이트나

뉴스레터, SNS 등을 활용할 예정입니다. 특히 SNS에서는 신규 계정을 개설하여, 1년 이내에 팔로워 수 1만, 인게이지먼트율 5퍼센트를 달성하도록 노력하겠습니다. 이상으로 홍보 전략 지원 제안 발표를 마치겠습니다.

이카리: 수고하셨습니다. 정리하자면, 저희는 젤렌 사의 비전을 고려하여 사회로부터 존경과 신뢰를 받는, 평판 향상을 목표로 한 홍보 활동을 제안하겠습니다. 이 제안으로 저희 KMI와 젤렌 사는 물론, 나아가 사회 전체에도 긍정적인 영향을 줄 수 있도록 최선을 다하겠습니다. 감사합니다.

사장: 알겠네. 다음에 젤렌 사를 방문하게 되면 사과드리도록 해. 아까와 같은 사과는 안 돼. 꼭 제대로 사과하고 난 후 제안을 설명해야 한다. 이상.

이카리, 아야나미: 감사합니다.

사장: 오늘 프레젠테이션 이해가 잘됐어. 제법인데, 신조.

> 작업: 난이도 ★★☆☆☆

1. 이카리와 아야나미의 설명으로 하나의 메시지 하우스를 작성해 보자.
2. 사과는 어떻게 개선해야 할까? (복수 답변 가능)

* 메시지 하우스에는 반드시 모든 요소를 채우지 않아도 된다.

이 제안을 상대방이 어떻게 받아들였을지, 사과는 잘 전달됐을지는 나로서도 확신할 수 없다. 그다음은 이카리와 아야나미에게 맡기고 싶다. 다행히 사내에서는 일단락된 분위기다. 지금까지 익힌 메시지 하우스를 종합한 모범 답안은 다음과 같다.

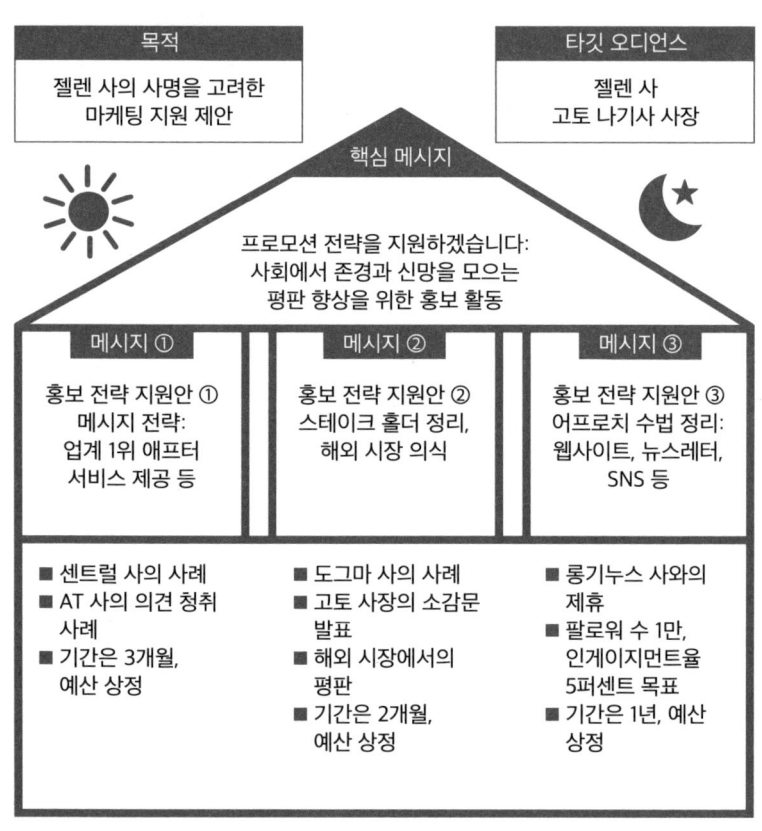

메시지 하우스의 내용에 관해서는 더 이상 나무랄 데가 없다.

전달자의 목적과 타깃 오디언스의 사정을 고려한, 핵심 메시지를 설정했다. 이번에는 설득이 목적은 아니지만, 제안 내용 자체가 메시지 ①에서 ③으로 자연스럽게 이어졌다. 이처럼 메시지 간 흐름이 명확할 경우, 메시지 사이에 화살표를 표시해도 좋다.

각 메시지를 구체적인 근거가 뒷받침하고, 이 근거들이 다시 핵심 메시지를 받쳐 주는 구조로 작성되었다. 특히 고토 사장과 가쓰라기 부장의 지적을 잘 참고했다는 점도 높이 평가할 만하다. 마지막으로 KMI사와 젤렌 사, 사회에 대한 산포요시(판매자, 구매자 모두에게 좋고 세상에도 좋아야 한다는 의미로 에도 시대 상인들이 제창한 경영 철학)까지 지향한 메시지는 단순히 메시지 하우스를 뛰어넘어 훨씬 세련된 메시지 하우스로 탈바꿈했다. 이번 메시지는 정보 전달을 넘어선 화해의 커뮤니케이션이기도 하다. 전략에서는 각 메시지가 더욱 주목받을 수 있도록 하는 특별한 기법이 쓰였다. 이 기법에 대해서는 다음 장에서 자세히 설명하고자 한다.

한편 이번 사례에서 '사과'라는 매우 어려운 커뮤니케이션을 마주한 두 사람의 대응은 허점이 많았다. 그렇다면 어떻게 해야 할까? 이카리와 아야나미는 다음 미팅에서 진정성 있는 사과를 잘 전달할 수 있을까? 두 번째 질문, 사과를 효과적으로 전달하는 방법에 대해서는 다음 장에서 자세히 소개하겠다.

메시지 하우스를 고려한 프레젠테이션 대책

프레젠테이션이란 정리된 정보나 의견을 전달하는 한 방향 커뮤니케이션이다. 가장 핵심은 '정리된'이라는 부분이다. 단순한 설명이 아니라, 구조화된 내용을 기반으로 발표하는 것이기 때문에 메시지 하우스와 상성이 뛰어나다. 프레젠테이션 도중 질문을 받거나 이후에 심도 있는 토론이 이어질 수도 있다. 그러나 발표가 진행되는 순간만큼은 화자가 청중에게 일방적으로 정보를 전달하는 방식이라는 점이 특징이다.

프레젠테이션에서 확인해야 할 것은 두 가지다. 먼저 화자가 전달하고자 하는 정보나 의견이 청중에게 정확히 전달되었는가, 그리고 청중이 그 내용을 얼마만큼 이해했는가이다. 그리고 프레젠테이션의 비결은 단순한 설명을 넘어, 설득이나 교섭, 화해와 같은 적극적인 커뮤니케이션으로 포커스를 맞추는 것에 있지 않을까? 설명에만 그치는 프레젠테이션은 청중에게 "그래서, 결론이 뭐죠?"라는 반응을 불러올 수 있다. 프레젠테이션은 설명과 더불어 행동 지침을 나타내는 설득, 서로의 의견을 교환하며 맞춰 가는 교섭, 서로에게 유익한 이해와 행동으로 연결되는 화해의 커뮤니케이션, 이 세 가지를 함께 지향하면 훨씬 강력한 효과를 발휘할 수 있다.

이번 이야기의 순서, 즉 잡담, 회의, 영업 미팅, 보고, 연락, 상담, 프레젠테이션은 사실 메시지 하우스를 활용하기 쉬운 순서에 따라 구성되었다. 처음에 등장한 비즈니스 장면은 형식에 구애받지 않고 때로는 결론조차 없이 흘러가는 경우가 많기 때문에 메시지 하우스를 미리 준비하기는 쉽지 않다.

한편, 마지막에는 메시지 하우스의 구조를 염두에 두고 처음부터 마지막까지 명확하게 전달할 수 있는 장면이 나왔다. 그렇지만 메시지 하우스는 꼼꼼히 준비했을 때만 효과를 발휘하는 것이 아니다. 예를 들어, 즉흥적인 커뮤니케이션이라 할지라도 머릿속에 메시지 하우스의 틀이 그려진다면, 그것만으로도 세계 표준의 설명력을 발휘할 수 있다. 더 나아가 실전 과정도 거친 여러분이라면 메시지 하우스의 위력을 실감할 수 있을 것이다.

이제 메시지 하우스를 무기로 삼을 준비가 되었는가? 이제 실전에 제대로 활용하는 구체적인 방법과 기술을 소개하고자 한다. 메시지 하우스라는 기본 구조를 바탕으로, 다음 장에서 소개할 사례를 지식·지혜로 습득하면 여러분의 설명은 더욱 강력하고, 빠르며, 정확하게 전달될 것이다. 다음 장은 이른바 메시지 하우스 심화 편이다. 가장 실용적인 장으로, 당신의 메시지 전달력을 더 강화하도록 도와줄 것이다.

6장

이렇게 하면 설명이 훨씬 잘 전달된다!

메시지에 힘을 부여하는 방법

이제부터는 메시지 하우스라는 무기를 더욱 효과적으로 사용하는 방법을 살펴보려 한다. 필자는 커뮤니케이션 컨설턴트로 일하고 있으며, 컨설턴트로서의 업무에는 조직이나 개인의 전략적 커뮤니케이션을 효율적으로 만드는 홍보 활동도 포함된다. 홍보는 흔히 PR Public Relations이라고도 불린다. 책의 메시지 하우스 이론에 홍보 현장에서 얻은 노하우를 접목해 메시지 하우스를 더 강화해 보면 어떨까?

뉴스 가치로 이목을 끈다

첫 번째는 홍보나 저널리즘 분야에서 자주 언급되는 개념인 뉴스 가치다. 뉴스 가치는 뉴스 밸류, 보도 가치라고도 한다. 간단히 말하면 뉴스를 구성하는 요소나 그 가치 기준을 뜻한다. 이 개념을 이해하면 어떤 정보가 뉴스가 될지 판단할 수 있게 된다. 메시지 하우스를 만들어 봤을 때, 구조 자체에는 큰 문제가 없지만 내용이 채워지지 않는 경우, 즉 매우 중요한 메시지에 힘이 없는 경우가 있다. 이럴 때는 어떻게 해야 타깃 오디언스의 관심을 끌 만한 핵심 메시지나 메시지로 바꿀 수 있을까? 말할 필요도 없이 뉴스란, 이목을 끌만한 가치가 있는 정보를 말한다. 즉 메시지 하우스에 뉴스성을 담아내면 메시지 하우스는 더욱 강력해진다. 그렇다면 뉴스 가치에는 어떠한 것이 있을까? 절대적인 기준은 없지만, 아래는 필자가 정리한 뉴스 가치의 주요 항목이다.

- 시사성: 현재 일어난, 혹은 일어난 지 얼마 안 된 요소

  메시지 개선 예: 3개월 후에 열리는 대회

  ⇨ 현재 건설 중인 경기장에서 개최 예정인 대회

- 신규성: 새로운, 이제껏 없었던 요소

메시지 개선 예: 인도에 여행을 간다.

　　⇨ 인구 세계 1위 인도에 여행을 간다.

- 공공성: 세상과 널리 관련된, 많은 사람과 관련된 요소

　　메시지 개선 예: 홍보 담당자로 활약하다.

　　⇨ 미디어를 통해 시민의 알 권리를 실현하다.

- 장래성: 향후 사회에 긍정적인 영향을 줄 수 있는 요소

　　메시지 개선 예: 일찍 자고 일찍 일어나기 위해 노력한다.

　　⇨ 야간 전력 소비를 50퍼센트 줄이는 습관을 실천한다.

- 인간성: 인간다운, 휴먼 드라마가 있는 요소

　　메시지 개선 예: 가족이 이사를 한다.

　　⇨ 5살 된 딸이 처음으로 자신의 방을 갖게 되었다.

- 독자성: 다른 곳에는 없는, 독특하고 차별화된 특징

　　메시지 개선 예: SRT 부산행 3D석

　　⇨ 오후 햇빛을 피할 수 있는 안쪽 좌석

- 의외성: 생각지도 못한, 놀라운 요소

　　메시지 개선 예: 3게임 연속으로 우승

　　⇨ 다음 경기까지 이기면 사상 최초 4연승 기록

- 희소성: 흔치 않은, 드문 요소

　　메시지 개선 예: 12월 24일, 서울 날씨는 비

　　⇨ 서울의 크리스마스이브는 통계상 90퍼센트 이상의 확률로 맑음인데,

이례적으로 비 예보가 있다.

- 긴급성: 시간에 쫓기거나 급히 다뤄야 하는 요소

  메시지 개선 예: 그 나라는 핵무기를 개발했다는 의혹이 있다.

  ⇨ 지구 종말의 시계가 자정까지 이제 90초 남았다.

- 비주얼성: 시각적으로 매력이 있는, 볼거리가 되는 요소

  메시지 개선 예: 낚시하러 바다에 간다.

  ⇨ 수평선으로 해가 저무는 모습을 보러 바다에 간다.

- 역설성: 보통과 반대되는 요소

  메시지 개선 예: 성장하기 위해서는 언제나 너답게 행동해 봐.

  ⇨ 성장하기 위해서는 너답지 않게 행동해 봐.

- 최고성: 최고 또는 최악의 상황과 같은 요소

  메시지 개선 예: 우승을 목표로 한 결과, 동메달을 땄다.

  ⇨ 최선의 결과로 동메달을 획득했다.

이 요소들을 핵심 메시지나 메시지에 덧붙이거나 근거로 활용하고, 뉴스성을 더하면 메시지 하우스를 통한 설명은 타깃 오디언스에게 더 강한 호소력을 발휘한다. 실제로 홍보 업무에서도 같은 현상을 뉴스 가치의 관점으로 시선을 바꿔 다르게 표현하면, 전달자뿐만 아니라 듣는 이까지 자기 일처럼 여기게 되는 경

우가 종종 있다. **뉴스 가치를 염두에 두고 정보를 전달하면, 설명은 뉴스처럼 더욱 이목을 끌게 된다.** 특히 최고성은 현상을 매력적으로 보이게 할 때 자주 활용되는 요소다.

앞장의 프레젠테이션에서 아야나미는 젤렌 사가 발신하는 메시지가 대외적으로 더 주목 받도록 하기 위해 '업계 1위의 애프터 서비스를 제공한다'라는 메시지를 설정했다. 이것은 최고성의 요소에 주목하여, 메시지의 뉴스 가치를 끌어올린 예시다. 한편 장래성의 요소는 정보나 메시지가 사회나 세계에 어떤 변화를 가져올지 보여 줌으로써, 화자뿐 아니라 청중에게도 주목할 수밖에 없는 메시지가 된다. 이 장래성이라는 뉴스 가치에 보다 집중하면 메시지에 더 큰 힘을 부여할 수 있다. 이 방법을 이제부터 소개하겠다.

SF적 정보 발신으로 변화를 이야기한다

SF는 사이언스 픽션Science Fiction의 약자다. 4장에서 다룬 〈스타워즈〉 시리즈도 SF 장르에 속한다. 마법이나 드래곤이 등장하는 이야기는 판타지에 해당하지만, 판타지 세계는 대체로 현실 세계와 연결 고리가 없다. 반면 SF는 지금 당장은 실현할 수 없어도 과학이나 기술이 발전하면 가능할지도 모르는 상상력을 바탕으로 한 장르다. 달 착륙, 손바닥 크기의 통신 기기(휴대전화), 메타버스처럼 한때는 SF 영화에나 등장했던 설정들이 현실이 된 사례도 있다.

이러한 공상 과학이 현실로 다가올 때 우리는 조금 전까지의 세계가 순식간에 바뀐 듯한 경이로움을 느낀다. 좋은 작품을 만났을 때, 그 시점을 기준으로 인식이나 감각, 존재 자체가 달라진 듯한 강렬한 인상을 받는다. 그 충격과 감동을 센스 오브 원더sense of wonder, SF 작품을 접했을 때 느끼는 신비한 감동이나 심리적 감각라고 부른다. SF 작품 외에도 느낄 수 있지만, 이 센스 오브 원더라는 요소는 SF라는 장르에서 매우 중요한 개념으로 여겨진다. 왜냐하면 SF는 현실과 연결되어 있으며 센스 오브 원더를 경험한다는 것은 자신뿐만 아니라 자신의 주위, 사회, 세계를 변화시킬 가능성을 느끼는 것과 마찬가지기 때문이다.

센스 오브 원더를 불러일으키는 대표적인 작품으로는 제임스 P. 호건의 SF 소설 《별의 계승자》가 있다. SF 입문서로 널리 추천받는 이 작품은, 달에서 약 5만 년 전에 사망한 것으로 보이는 시신이 우주복을 입은 채 발견되며 시작된다. 그리고 과학자들이 이 시신을 조사한 결과, DNA가 인류와 거의 유사하다는 사실이 밝혀진다. 한편, 목성의 위성 가니메데에서는 불시착한 외계 우주선이 발견된다. 달에 있었던 시신의 주인이 쓴 것으로 보이는 일기, 함께 발견된 생선 통조림 같은 비상식량 등을 과학적으로 분석해 나가자 여러 가지 수수께끼, 가설, 모순, 가니메데에서 발견된 증거와의 관련성이 드러나고, 마지막에는 인류에 대한 경이로운 사실이 밝혀진다는 내용의 소설이다. 최대한 스포일러가 포함되지 않도록 소개했는데, 어쨌든 마지막에 느꼈던 충격이 바로 센스 오브 원더였을 것이다. 1968년에 개봉한 영화 〈혹성탈출〉의 결말에서도 센스 오브 원더를 느낄 수 있었다.

이처럼 SF의 힘을 활용해 메시지에 강한 힘을 부여하는 접근을 **SF적 정보 발신**이라 부른다. 최근에는 'SF 프로토타이핑SFP'이나 'SF적 사고'처럼 비즈니스 전략이나 사고법도 주목받고 있다. 이는 SF 작가의 위대한 SF적 상상력을 빌려 제품 개발이나 정보 발신 등에 필요한 아이디어, 스토리를 탐색하는 기법이다. 이 책에서 소개하는 SF적 정보 발신은 SF 작가가 주변에 없더라도, 또는 자신이 SF 작가가 아니더라도 누구나 실천 가능한 방법이다. 미디어나 청중에게 자기 일처럼 생생하게 기억되고, 동시에 경이로움을 느낄만한 정보 전달 비결을 소개하고자 한다.

이 방식은 총 세 가지 단계로 구성되어 있는데, 우선 첫 번째 단계로는 메시지에 미래에 대한 정보를 추가하는 것이다. 청자에게 '지금 들은 내용은 어떠한 변화를 일으킬까'를 전달하도록 하자. 예를 들어, "이 열차는 마지막 열차입니다"라는 메시지에 추가로 '이 막차를 놓치면 아침 일찍 시작하는 회의 준비를 할 수 없다'라는 내용을 덧붙이면 어떨까. 막차라는 정보로 예상되는 결과까지 포함하면 메시지의 힘은 더 강해진다.

홍보나 보도의 경우, 누가who, 언제when, 어디서where, 무엇을what, 왜why, 어떻게how라는 이른바 5W1H에, 해당 정보가 사회에 미치는 영향을 설명하여 장래성 있는 뉴스 가치를 덧붙이면 듣는 이가 정보에 더 관심을 기울이게 된다. 설명은 홍보 담당자나 기자뿐만 아니라 누구나 할 수 있는 일이지만, 메시지를 강화하려면 사회적 의미를 고려하는 정보 발신 전문가들이 의식하는 정보들을 자신의 메시지에도 적용해 보자.

다음 단계는 미래에 대한 정보를 전달할 때 낙관적인 미래(유토피아)와 비관적인 미래(디스토피아) 양쪽을 전하는 것이다. 조금 전 다룬 '막차를 놓치면 아침 일찍 시작하는 회의 준비를 할 수 없다'라는 예시는 비관적인 미래, 디스토피아형 메시지에 해당한다. 여기에 '막차를 놓쳐도 업무상 회식 때문에 늦은 것이니 택시를 타면 나중에 회사에 경비를 청구할 수도 있고 오히려 좋아!'와 같은 낙관적인 미래, 유토피아형 메시지도 함께 전달하도록 하자. 낙관적인 미래와 비관적인 미래, 두 패턴을 모두 전달하면 전달자의 신뢰도가 올라가며, 듣는 이도 더욱 냉정하게 상황을 파악할 수 있게 된다.

마지막으로는 유토피아, 디스토피아 양쪽 모두의 미래를 가정했을 때 어떠한 일이 벌어질지, 그리고 그 상황에서 어떤 행동을 하면 좋을지 전달하는 것이다. 이번 예시가 디스토피아 패턴이라면, '마지막 열차를 놓치면 아침 일찍 시작하는 회의 준비를 하지 못하니까 지금부터라도 걸어서 집까지 가야 한다'가 될지도 모른다. 유토피아 패턴이라면 '막차를 놓쳐도 택시를 타면 회사에 경비를 청구할 수 있으므로 택시 정류장까지 갑시다'가 될지도 모른다.

종종 설명하고 나면, "무슨 말이야?", "그래서?"와 같은 피드백을 받을 때가 있다. 그런 경우는 설명한 정보의 의미나 중요성이 듣는 이에게 제대로 전달되지 않았기 때문이다. 그 정보가 청중에게 얼마나 좋은, 혹은 나쁜 변화를 초래할지, 그리고 그 변화를 바탕으로 어떻게 하면 좋을지까지 명확하게 설명해야 의미 있는 설명이 된다.

SF적 정보 발신을 의식하면 5W1H와 같은 사실이 듣는 이에게 미치는 영향과 구체적인 행동 지침까지 함께 전달할 수 있게 된다. 당연히 메시지의 힘은 더욱 커진다. 메시지 하우스의 기둥에 해당하는 메시지를, 설득의 커뮤니케이션처럼 메시지 ①에서 ③까지의 순서대로 시각화해도 좋다. 가능하다면 **사실을 전달하는 데에 그치지 말고, 메시지에 깜짝 놀랄만한 아이디어나 가설**

을 덧붙이면 이상적이다. 그리고 아이디어나 가설이 가져올 긍정적 또는 부정적 영향, 그에 대한 대응 방법까지 함께 전달한다. 이 강력한 메시지는, 듣는 사람에게 센스 오브 원더를 일으킨다. 듣는 사람은 더욱 자기 일처럼 여기며, 기억에 남는 메시지가 된다. 물론 항상 절대적으로 완벽하게, 아무나 그런 센스 오브 원더를 일으키는 아이디어나 가설을 생각해 내고 메시지에 덧붙일 수 있는 것은 아니다. 이는 어디까지나 이상적인 상태에 불과하다.

메시지 하우스의 지붕(핵심 메시지) 등에 놀라운 제안이 포함된다면, 제안에 대한 설명도 함께 전달되어야 한다. 이런 아이디어 창출, 가설 수립에 대비하는 기법이 조금 전 언급한 'SF프로토타이핑'이나 'SF적 사고'다. 이 책에서는 자세히 설명하지 않지만, 인터넷이나 관련 서적으로도 충분히 내용을 확인할 수 있으므로 꼭 참고하길 바란다.

미래에 대해 다루며 긍정적 또는 부정적 시나리오를 제시하고, 각 상황에서 어떤 일이 벌어질 수 있으며 어떤 행동이 필요한지를 함께 전달하는 것, 즉 SF적 정보 발신을 의식하면 비즈니스 현장에서도 "무슨 말이지?", "그래서, 뭐라고?"와 같은 반응은 줄어들 것이다. 5장의 보고, 연락, 상담의 장면에서 가쓰라기 부장이 '함께 나아가는 미래의 이미지를 심어 줄 필요가 있다', '상대방도 어떠한 변화가 일어날지 궁금해하기 마련이다'라는 지적을

했다. 여기에서 우리는 SF적 정보 발신을 의식하여 메시지를 개선하려는 의도를 엿볼 수 있다.

이 책에서는 사회적으로 더 의미 있는 메시지를 전하기 위한 원칙이나 이념에 대해서도 다루고자 한다. 한 단계 더 높은 수준이긴 하지만 이 부분까지 실천할 수 있다면 여러분의 설명은 더 많은 청중에게 효과적으로 전달될 것이다.

저널리즘적 정보 발신으로 사회까지 이롭게 한다

'저널리즘적'이라는 표현은 영어로는 'journalistic', 즉 간단히 말하면 '저널리스트 같은' 정도의 의미다. 신문, 텔레비전, 라디오, 잡지 등에서 보도를 전달하는 사람들은 기자, 작가, 리포터, 해설자, 안내자 등 다양한 명칭으로 불린다. 그중에서도 저널리스트라 불리는 이들이 정보를 발신할 때 지키는 원칙과 방식을 바탕으로 한 것이 저널리즘적 정보 발신이다.

그렇다면 저널리스트란 누구일까? 이 책에서는 전문적인 내용으로 하나하나 다루진 않겠지만, 일반적으로 저널리즘의 원칙에 따라 정보를 발신하거나 그 원칙에 따라 직업적인 삶과 사적인 삶을 살아가는 사람들을 저널리스트라고 정의한다. 그리고 저널리즘은 건전한 민주주의 사회를 만들거나 유지하기 위해 글이나 사진, 동영상 등을 이용하여 정보를 표현할 때의 마음가짐, 이념이라고 할 수 있다.

저널리스트처럼 품격 있는 뜻을 품고 설명하는 것은 어쩌면 쉽지 않아 보일 수도 있다. 그렇다면 저널리스트가 되려면 어떻게 하면 될까? 변호사나 의사는 면허가 필요하다. 대학에서 취득한 학위에 따라 지원할 수 있는 직종이 달라지기도 한다. 저널리스트에게는 특별한 면허 등이 필요 없다. 공식 기관의 자격증이나 인증이 없어도 저널리스트 같은 활동을 할 수 있다는 의미다. 다음에 소개하는 저널리즘의 10가지 원칙과 이 책의 내용을 참고해 설명하려는 의지와 마음가짐, 지식을 갖추고 정보 발신을 꾸준히 실천한다면 스스로 저널리스트라고 칭해도 법적으로는 문제가 없다. 그렇다면 우선은 유명한 〈저널리즘의 기본 원칙〉을 확인해 보도록 하자. 〈뉴욕타임스〉의 워싱턴 지국장을 역임했던 빌 코바치Bill Kovach와 〈LA타임스〉와 〈뉴스위크〉 기자였던 톰 로젠스틸Tom Rosenstiel이 언론인·학자 25명과 논의한 끝에 제창한 10가지 저널리즘의 원칙The Elements of Journalism은 시대를 뛰어넘어 여전히 많은 사람에게 영향을 주고 있다. 그 10가지 원칙의 내용은 다음과 같다.

① 저널리즘의 첫 번째 의무는 진실을 추구하는 것이다.

② 저널리즘은 먼저 시민에게 충성해야 한다.
③ 저널리즘의 본질은 사실을 검증하는 원칙에 있다.
④ 저널리스트는 취재 대상으로부터 반드시 독립성을 유지해야 한다.
⑤ 저널리즘은 권력을 감시하는 기능을 다해야 한다.
⑥ 공공의 문제를 비판하고 타협을 이끌어 낼 수 있는 토론의 장을 제공해야 한다.
⑦ 중대한 사안들을 흥미롭게 전달해 사회적으로 의미 있는 일이 되도록 노력해야 한다.
⑧ 뉴스를 알기 쉽고 중요도에 맞게 알려야 한다.
⑨ 저널리즘과 관련된 자는 자신의 양심에 따라 행동할 책임이 있다.
⑩ 시민도 뉴스가 더욱 좋은 방향으로 나아갈 수 있도록 할 권리와 책임이 있다. 그들이 기자나 편집자를 수행하게 되었다면 더욱 그러하다.

꽤 어려워 보이지만, 설명에 이 모든 원칙 전부를 반영할 필요는 없다. 하지만 여러 항목을 반영하면 메시지에 더욱 강한 힘을 부여할 수 있다. 특히 열 번째 원칙은 눈여겨볼 필요가 있다. 인터넷이나 소셜 미디어 등을 통해 모두가 거의 무료로 정보를 쉽게 이용할 수 있게 된 시대에, 시민도 기자나 편집자처럼 저널리즘의 원칙에 따라 정보를 발신할 권리가 있다면, 그에 수반하는 의무도 있다. 이런 관점에서 저널리즘적 정보 발신의 필요성과 유효성은 소개하는 의미가 있다.

다음은 필자가 추천하는 저널리즘적 정보 발신의 노하우다. 우선 **메시지나 그 메시지를 뒷받침하는 근거의 객관성을 확인해야 한다.** 진실성까지는 아니더라도 가능하면 그 신뢰도를 검토하고 검증하면 메시지는 더욱 정확해지고 믿을 수 있게 된다. 그리고 메시지 하우스의 구성 요소 전반에 걸쳐 메시지가 한쪽에 치우치거나 상식·양심 혹은 공공질서와 도덕관념에 비추었을 때 공정성이 결여되지 않도록 주의하여 설정하는 것도 중요하다.

화해의 커뮤니케이션에서는 화자와 청자 양쪽의 목적을 실현하는 Win-Win 상태를 목적으로 하지만, 저널리즘적 정보 발신은 여기에 시민 사회라는 제3의 요소도 포함하여, 화자, 청자, 시민 사회가 모두 이익을 얻는 즉 Win-Win-Win의 상태를 지향한다.

앞에서 언급한 저널리즘적 정보 발신에서 주의해야 할 점들은 모두 사회적으로 더욱더 바람직한 메시지를 전달하기 위한 수단이 된다. 항상 올바른 정보를 주고받을 수 있도록 유의하고 다양한 견해, 입장이 있는 의논이라면 더 공정하게 판단하고 의견을 낼 수 있도록 신중을 기한다. 상대방과의 Win-Lose 상태를 넘어 이 의논이 어떻게 주위 사람들과 사회에 긍정적인 영향을 줄 수 있을지를 생각한다. 이 마음가짐을 메시지 하우스를 사용한 커뮤니케이션에 적용하면 하우스에서 나오는 메시지들은 사회적으로 한층 더 바람직한 것이 된다.

이와아키 히토시岩明均의 만화 〈기생수〉는 정체불명의 생명체가 주인공의 오른손에 기생하게 된 이야기다. 기생한 생명체(기생수)는 자신이나 인간, 환경 등을 인간보다 더 객관적이고 종합적으로 판단하려 한다. 주인공은 기생수들이 인간을 먹잇감으로 삼는 것을 비난하지만, 기생수들은 인간이 다른 생물에게 저지르는 행위가 훨씬 잔혹하다고 주장한다. 주인공과 기생수는 의견을 대립하곤 하지만, 결국에는 서로의 공생을 위하여 협력하고 공존의 길을 모색하게 된다. 이들은 어디까지나 자신의 생존을 최우선으로 두면서도 점차 생태계나 환경 전체의 균형, 그리고 생존 방식에 대해 더 깊이 고민하게 된다. 주인공과 기생 생명체가 생존을 위해 서로의 이해를 조율하고 환경과의 균형을 생각했듯, 메시지 하우스를 사용한 전달자와 듣는 이와의 커뮤니케이션도 핵심 메시지를 함께 쌓아 올리며 바람직한 시민 사회까지 시야에 둔다면, 메시지는 한층 더 공공성과 힘을 갖추게 된다.

이것이 앞장의 보고, 연락, 상담 장면에서 가쓰라기 부장이 말한 세 번째 메시지, '사회성을 의식한 지원 내용을 포함시킬 것'

이라는 조언의 핵심이다. 부하의 메시지에 힘을 부여하기 위해 저널리즘적 정보 발신을 제안한 것이다. 사람과 사람의 연결로 형성된 것이 인간 사회이므로, 저널리즘적 발신은 메시지에 설득력을 부여하기 위한 수단으로 앞으로 다양하게 활용될 것이다.

메시지를 전달할 기회를 늘리는 방법

좋은 메시지 하우스는 준비되어 있는데, 그것을 전할 타이밍을 못 잡거나 이야기할 차례가 잘 오지 않는 경우가 있다. 비즈니스 상황에서는 그저 한탄하거나 불만을 토로하며 포기하지 말고 스스로 발언 기회나 시간, 즉 메시지를 전할 기회를 능동적으로 늘리는 노력이 필요하다.

브릿징으로 연결한다

브릿징bridging이란 이야기의 흐름을 끊지 않으면서도 자신이 하고 싶은 말을 전달할 수 있도록 이야기를 유도해 나가는 기술이다.

"네. 하지만 더 중요한 점은"

"아니요, 그렇지 않습니다. 설명을 더 보태자면"

"그 부분에 대해서는 답변을 잠시 보류하겠습니다만, 지금 할 수 있는 말은"

"매우 중요한 지적을 해 주셨는데, 제 생각은 오히려"

구체적으로 설명하면 상대방의 이야기에 위와 같은 말을 덧붙이고 그 뒤에 자신이 전하고 싶은 말을 전한다. 브릿지란 중개 역할, 중개를 뜻하며, 위의 예문에서는 쿠션어_{상대방의 기분을 배려하고 분위기를 부드럽게 만들기 위해 붙이는 완충 표현}를 보태 상대방이 전개한 맥락에서 자신의 주장으로 매끄럽게 이야기를 전환하고 있다. 세련된 브릿징은 상대의 이야기를 받아들이고 해당 이야기를 이어 가는 듯한 인상을 준다. 예를 들어, 미디어 인터뷰에서 화자인 컨설팅 기업 창업자가 청자인 신문 기자의 질문에 대답하고 있는 장면을 상상해 보자. 창업자의 핵심 메시지는 "더 좋은 커뮤니케이션이 더 좋은 미래를 낳는다"라고 한다.

> **창업자:** (……) 그래서 저는, '더 좋은 커뮤니케이션이 더 좋은 미래를 낳는다'라는 생각을 바탕으로 사업을 구상하고 있습니다.

기자: 그렇군요. 하지만 커뮤니케이션만이 더 좋은 미래로 이끌어 가는 건 아니라고 생각합니다. 커뮤니케이션만으로는 좀 어렵지 않을까요?

창업자: 네, 말씀하신 대로 커뮤니케이션만으로는 어려울지도 모르죠. 하지만 더 중요한 것은 사람과 사람 사이의 커뮤니케이션이 사회를 연결하는 핵심이라는 점입니다. 여러 측면에서 봤을 때 우선 좋은 커뮤니케이션이 정착되는 것이 더 좋은 미래, 더 좋은 사회를 위해 중요하다고 믿습니다.

기자: 결과적으로 커뮤니케이션 이외의 요소들이 좋아져서 잘 될 수도 있는 것 아닐까요?

창업자: 물론 그렇게 생각할 수 있습니다만, 저는 조금 다른 견해를 갖고 있습니다. 설명을 조금 더 보태자면, 커뮤니케이션을 소홀히 한 채 다른 부분만 바뀐다면 사람과 사람 사이를 매끄럽게 연결할 수 없게 됩니다. 기계에 중개 역할을 맡긴다 해도 결국 인간 중심 사회이기 때문에 인간끼리 소통하는 것, 즉 커뮤니케이션 문제를 간과하면 인간에게 더 나은 사회, 더 좋은 미래를 쌓아 가는 것은 어려워질 겁니다.

기자: 그럼 한 가지 더 여쭙고 싶습니다만, 업계에서도 유명한 A 씨와 B 씨, 누구의 커뮤니케이션이 더 훌륭하다고 생각하시나요?

창업자: 죄송합니다만, 제가 직접적으로 아는 분들이기도 하고, 제가 평가할 입장은 되지 못해 답변하기 조금 어렵습니다. 다만, 지금 할 수 있는 말은 적어도 우리 회사는 '더 좋은 커뮤니케이션이 더 좋은 미래를 낳는다'는 사명감으로 계속해서 사업을 추진해 나가겠다는 것입니다.

> 기자: 하지만 A 씨나 B 씨의 커뮤니케이션 능력처럼 명확한 평가 기준이 없다면, 사회가 귀사의 사업을 호의적으로 평가하기 좀 어렵지 않을까요?
>
> 창업자: 아주 중요한 지적을 해 주셨네요. 제 견해를 말씀드리자면 평가 기준은 사업을 통해 제시된다고 생각합니다. 그리고 그 기준에 기반해, 저희는 사회에 건강한 커뮤니케이션이 널리 퍼지고, 더 좋은 미래를 여러분 모두와 함께 만들어 갈 수 있도록 항상 노력하겠습니다.

이처럼 기자의 날카로운 질문을 수용하면서도 Win-Lose의 논쟁으로 빠지는 일 없이 일관되게 자신의 핵심 메시지를 계속해서 전달하는 창업자는 역시 커뮤니케이션의 고수였다. 매 순간 브릿징을 사용하며 핵심 메시지를 전하는 기회를 늘려 갔다. 브릿징 기술을 사용하는 것은 얼버무려 넘기는 것과는 다르다. 오히려 기자의 유도에 휘말리지 않고 정답이나 오답이 없는 소통 속에서 자신이 가장 중요하다고 여기는 메시지를 한 치의 흔들림 없이 전달하고자 노력하는 기술이다. 더불어 자신의 목적과 기자라는 타깃 오디언스를 고려하여 기자가 핵심 메시지를 명확하게 보도하도록 하기 위한 훌륭한 대처라고 할 수 있다. 단순히 퉁명스러운 답변만 늘어놓는 것이 아닌, 어디까지나 핵심 메시지를 전달할 기회를 늘려 타깃 오디언스에게 더욱 명확하게 핵심 메시지를 각인시킨 것이다.

앞장에서 언급한 비즈니스 미팅 장면에서 고토 사장은 능숙하게 브릿징 기술을 사용해 핵심 메시지를 전했다. 아야나미와 이카리의 엇나간 발언에 대해서도 우선 "매우 중요한 지적을 해 주셨네요. 제안 감사합니다"라고 받아들인 후 자신의 핵심 메시지를 전달했는데, 이는 브릿징 기술의 정석이라고 할 수 있다. 여러분도 회의 등에서 꼭 사용해 보길 바란다. 비록 상대방의 이야기와 맥락이 다소 다르더라도 그 대화를 통해 상대방이 여러분의 핵심 메시지를 수용하는 경험을 하게 될 것이다.

열린 질문을 이용한다

닫힌 질문closed question이란 폐쇄형 질문이라고도 하며, 답변이 '네' 혹은 '아니요', 'A, B, C……' 혹은 '1, 2, 3……' 등과 같이 한정된 선택지 중 하나로 끝나는 질문을 말한다. 그래서 닫힌 질문에 대해서는 메시지가 답변에 해당하지 않는 한, 전하고자 하는 메시지를 전달할 기회가 없다. 한편, **열린 질문**open question은 개방형 질문이라고도 하며, 이른바 답변이 자유로운 질문을 말한다. 열린 질문의 전형적인 예로는 "어떻게 생각하세요?", "이유는 뭔가요?" 등이 있다. 대화 중에 열린 질문을 만나게 되면 질문에 적절히 답하면서 자신이 가장 전하고 싶은 핵심 메시지를 가져오는 것이 포인트다. 특히 조금 전 소개한 브릿징과 조합하면 더 효과적이다. 조금 전 기자와의 대화를 계속해서 살펴보도록 하자.

기자: 커뮤니케이션을 중시하시는 것은 잘 알겠습니다. 하지만 작년 매출은 기대에 못 미치는 결과가 나왔다고 들었는데, 사실인가요? (닫힌 질문)

창업자: 말씀하셨듯이 만족할 만한 매출은 나오지 않았습니다. 하지만 저희는 매출보다는 우리 회사가 목표로 하는 사회를 실현하기 위해 어떠한 방식으로 투자하면 좋을지 고민하고 그 투자 기회를 제대로 확보하는 것이 더 중요하다고 생각했습니다. 그리고 그 투자 기회란, 물론 커뮤니케이션의 영역에서 추가로 사업 기회를 창출하는 것이었습니다.

기자: 그 커뮤니케이션 영역에서의 사업 기회는, 예를 들면 어떤 것이 있나요? (열린 질문)

창업자: 저희는 공감을 더욱 중시하는 커뮤니케이션으로는 평화 가치를, 공정한 커뮤니케이션으로는 저널리즘을, 그리고 놀랄만한 커뮤니케이션으로는 센스 오브 원더를 사회에 전파하는 것을 목표로 하고 있습니다. '더 좋은 커뮤니케이션이 더 좋은 미래를 낳는다'는 회사의 신념을 기반으로 한 사업 전략이지요.

대화를 살펴보면 창업자는 기자의 닫힌 질문에는 브릿징을 사용하고, "예를 들면, 어떤 것"이라는 열린 질문에는 질문에 대한 답변과 함께 핵심 메시지를 다시 한번 전달하고 있다. 이 과정에서 창업자는 핵심 메시지와 더불어 메시지 세 가지를 전달하는 데에도 성공했다. 포인트는 항상 메시지 하우스에 있는 요소들을 염두에 두고, 이야기의 흐름을 파악하면서 적절한 타이밍에 핵심 메시지와 메시지를 전달해 가는 것이다. 물론 타깃 오디언스인 상대방의 상황을 잘 고려하면서 건설적인 커뮤니케이션을 전개해야 한다.

앞에서 회의에 대한 대책을 설명할 때, 의논을 확장(발산)시킬 때는 열린 질문이 자주 사용되고, 수렴할 때는 닫힌 질문이 주로 사용된다고 소개했다. 이러한 경향을 고려할 때 회의의 결과로서 핵심 메시지를 효과적으로 합의 내용에 반영하려면, 열린 질문에 응답할 때 적극적으로 핵심 메시지를 전달하고, 닫힌 질문에는 브릿징 기술을 잘 사용해 핵심 메시지로 돌아오는 방식이 효과적이다.

프레이밍으로 TPO를 정돈한다

추가로 프레이밍(틀 구성)이라는 사고방식을 사용하면, 핵심 메시지를 전달할 기회가 한층 더 많아진다. 프레이밍framing이란 프레임frame, 즉 우리가 말하는 '틀'을 만든다는 의미다. 여기에서 말하는 프레이밍이란 한마디로 메시지 하우스의 주위에 펼쳐지는 환경, TPO를 메시지에 맞게 정리하고 정돈하는 기술을 가리킨다. 행동경제학의 프레이밍 효과와는 다른 개념이므로 주의하길 바란다.

이야기의 전제가 메시지 하우스에 불리할 때가 있다. 예를 들어, 만약 체육 대회에 선보일 공연에 대해 의논하다가 체육 대회날 비가 올 경우에 관한 이야기로 전개되었다고 하자. 그때는 "비가 오지 않는 경우에 관한 이야기였잖아"라는 식으로 이야기의 틀을 확실히 정리할 필요가 있다. 비가 오지 않는 경우에 대해 미리 준비해 둔 핵심 메시지조차도 TPO를 정리해 두지 않으면 제대로 전달할 수 없게 되기 때문이다. 즉 설명의 전제 조건이 명확하지 않으면 준비한 메시지 하우스를 꺼내기 쉽지 않다. 때로는 분위기와 흐름을 파악하면서 효과적으로 메시지 하우스를 사용하기 위해서 이 조건의 틀 자체를 수정할 필요가 있다. 예를 들어, "~와 같은 경우라면", "~라고 하면", "~가 아니라 ○○라면" 등의 대화 방식으로 준비해 둔 메시지 하우스가 원활하게 채워지도록 전제 조건을 먼저 프레이밍으로 정돈하는 작업을 해야 한다. 계속해서 창업자와 기자의 대화를 들여다보자.

기자: 말씀하신 사업 계획은 세계적으로도 비슷하게 흘러갈까요? 7월에 시작되는 사업이 많이 보이는데, 올해 안에 성과를 내긴 어렵지 않을까요?

창업자: 좋은 질문입니다. 우선 국내 사업 계획을 설명 드리겠습니다. 사업 연도는 1월에 시작해서 다음 해 3월에 끝나므로 7월은 아직 한 해의 절반만 지났다고 볼 수 있습니다. 사업 운영의 필요에 따라 사업 연도의 시작 시점이 달라질 수도 있고, 이에 따라 사업 계획도 달라집니다. 해외에서의 사업 계획은 현재 별도로 준비하고 있습니다.

법률 문서 등에서도 종종 "~한 한, ○○하지 않는다"처럼 클레임을 받기 전에 책임을 제한하는 문구를 사용하는 경우가 있다. 이를 면책 조항disclaimer, 디스클레이머이라고 한다. 이것도 프레이밍 작업의 일종이라 할 수 있다. 이러한 이야기의 전제 조건뿐만 아니라 대화를 시작하는 분위기, 머리나 마음 상태를 재정비하는 것도 중요한 프레이밍이다. 대화를 위해 회의실을 사용할지, 카페를 이용할지, 잠시 서서 이야기할지, 평일이 좋을지, 주말이 좋을지 등 TPO를 고려하는 것도 필요하다. 그리고 상대방의 자존심이나 이해도 등 인지면에서의 조건 역시 프레이밍에서 매우 중요한 요소다.

화해의 커뮤니케이션에서도 다루었듯이, 메시지를 전달할 때

서로에게 유익한 커뮤니케이션을 나눌 수 있을 만큼 인간관계나 감정의 타이밍이 잘 맞는 경우는 드물다. 더욱이 상대방의 목적이 내 쪽의 Win을 바라지 않는 것일 경우, 아무리 Win-Win을 지향하는 핵심 메시지를 전하려 해도 그 메시지는 시간이 흘러도 전달되지 않고, 수용되지 않을 것이다.

관계가 냉랭해진 국제 사회 현장 같은 경우, 교섭이나 화해의 자리를 준비하거나 자리에 가는 것부터가 과제가 되기도 한다. 따라서 메시지 하우스를 활용하기 전에 TPO를 정비하는 것, 프레이밍을 제일 먼저 해야 한다.

수단·양식도 중요하다. 메일로 전달할지, 직접 만나서 말할지, 동영상으로 정보를 제공할지, 영어로 말할지 등 메시지 하우스를 효과적으로 사용하기 위한 수단·양식의 프레이밍도 절대 빠뜨릴 수 없다. 예를 들어, 메일은 기본적으로 응답까지 시간이 걸리므로, 자주 주고받아야 하거나 빠른 응답이 필요한 경우에는 채팅 쪽이 더 적합하다. 그리고 채팅으로 하는 대화라면 메시지도 길어지지 않고 간단해지며, 메시지 하우스도 간결해진다. 또한 합의를 확인하면서 진행하는 커뮤니케이션을 바란다면 메일이나 채팅보다도 전화나 대면을 통한 커뮤니케이션이 더 적합하다. 그때는 또 수단·양식에 알맞은 메시지 하우스를 설정하는 것이 바람직하다.

코로나19 팬데믹 이후 화상 회의 시스템을 사용한 커뮤니케이션이 보편화되었다. 화상 회의에서는 자신의 배경을 흐리게 하거나 자신이 발언하지 않을 때는 음소거 상태로 설정하기도 하고, 누군가 발언하고 있을 때 메시지를 전달하고 싶을 때는 이야기 대신 채팅 기능을 이용하는 등 새로운 커뮤니케이션 양식에 많은 사람이 익숙해졌다.

영업 미팅 결과를 보고하고 조언을 받는 장면에서, 가쓰라기 부장은 '상대방의 이해도나 논리 구조뿐 아니라 감정적 분위기나 관계적 가치 측면에서도 원활한 대화 분위기를 조성했는지 돌아볼 필요가 있다'고 지적했다. 이것은 프레이밍을 개선하라는 조언이었다고 볼 수 있다.

이 책은 메시지 하우스라는 구조를 사용하여 설명력을 향상하는 것을 목표로 한다. 이 구조 자체가 커뮤니케이션의 결정타가 된다는 생각은 평화학자 요한 갈퉁Johan Galtung이 정의한 '구조적 폭력'이라는 개념과도 일맥상통한다. 갈퉁은 평화란 무력 분쟁을 공감, 비폭력, 창조적인 방식으로 변형하는 것이라고 정의하며 폭력의 유형을 세 가지로 구분했다. 의도적으로 신체 등에 고통을 가하는 직접적 폭력, 사회에 의해 가해지는 차별이나 억압 등의 구조적 폭력, 그리고 구조보다 더 포괄적인 개념의 문화적 폭력이 그것이다.

프레이밍을 개선한다는 말은 한마디로 커뮤니케이션의 틀을, 핵심 메시지를 전달하기 위해 더욱 나은 방향으로 정비한다는 뜻이다. 다시 말하자면 이야기의 전제 조건에는 인간관계나 기술적인 환경도 포함된다. 그리고 이 조건들을 전달하는 쪽의 메시지 하우스가 효과적으로 기능하기 위해 적절하게 조정하는 것이 프레이밍이라는 개념이며, 기술이다.

사과의 뜻을 효과적으로 전달하는 방법

이제부터는 커뮤니케이션 중에서도 가장 어렵다고 할 수 있는 사과의 뜻을 전달하는 커뮤니케이션에 대해 살펴보고자 한다. 이때 미리 준비한 메시지 하우스를 효과적으로 활용하기 위한 노하우도 소개한다. 사과도 설명의 한 종류라고 할 수 있다. 문제가 발생한 경위를 설명하고, 사과의 뜻이 담긴 메시지를 전달한다. 하지만 사과는 정신적으로 많은 에너지를 소모하고, 끝내 성공하지 못하는 경우도 많은 커뮤니케이션이다. 때로는 상처받기도 한다. 그럼에도 비즈니스에서 종종 피할 수 없는 설명이므로 이 책에서도 그 기술을 설명하고자 한다.

메라비언의 법칙을 기억한다

메라비언의 법칙The Law of Mehrabian은 1971년 미국의 심리학자 앨버트 메라비언Albert Mehrabian이 발표한 법칙으로, 커뮤니케이션을 비언어 정보(표정, 제스처, 옷차림 등), 음성 정보(목소리의 높낮이, 리듬, 속도, 크기 등), 언어 정보(사용하는 말, 내용 등) 세 종류로 분류했을 때, 이것들이 각각 모순된 정보를 전달하면 정보를 받은 사람은 정보를 어떤 비율로 믿게 되는지 실험을 통해 세운 커뮤니케이션 이론이다.

메라비언의 법칙에 따르면 **사람은 55퍼센트의 비율로 비언어 정보를, 38퍼센트의 비율로 음성 정보를, 7퍼센트의 비율로 언어 정보를 믿는다**고 한다. 사람은 이와 같은 비율로 상대의 정보를 믿고 판단하는 경향이 있으며, 반대로 전달자로서는 언어 자체보다도 목소리, 표정, 옷차림 등에 메시지를 드러낼 필요가 있다는 말이 된다. 특히 사과의 상황에서는 무의식중에 어떤 말을 사용할지, 언어 정보의 측면에만 집중하기 쉽다. "죄송합니다", "면목이 없습니다", "감사합니다" 등 언어적 표현에만 주의를 기울이다 보면, 비언어적 메시지의 중요성을 간과할 수 있다.

하지만 메시지를 받은 상대방은 메시지의 93퍼센트를 언어 외적인 요소에서 판단한다. 예를 들어, 아무리 유창하게 사과의 말을 늘어놓는다 하더라도 얄궂은 미소를 띠며 목소리가 즐거운 듯 밝고 경쾌하면 사과의 뜻이 과연 제대로 전달될까? 진정성은 전달되지 않고 불성실하다는 인상을 줄 수 있다. 영업처에 사과를 하러 갈 때, 말로는 사과하면서도 옷차림은 단정하지 못하고 무성의한 태도를 보인다면 기대와 다른 결과를 얻게 될 것이다. 반대로 **언어 정보와 더불어 음성이나 비언어적 표현까지 정돈되어 있다면 메시지 하우스는 큰 힘을 얻게 된다.**

프랑스 게임 회사 퀀틱 드림Quantic Dream이 개발한 '디트로이트: 비컴 휴먼Detroit: Become Human(2018)'이라는 게임은 인간과 겉모습이 거의 흡사한 안드로이드가 보급된 미래 사회가 무대다. 이 게임에는 주인공 안드로이드가 안드로이드의 지위 향상을 위해 방송국을 점령하는 장면이 나온다. 본래 안드로이드는 인간처럼 혈색 있는 피부색을 띤 외형을 갖출 수 있었지만, 주인공 안드로이드는 일부러 기계적인 흰색 얼굴로 되돌린 채 연설에 나선다. 그 연설을 들어 보자.

"(단호한 어조로) 여러분은 기계라고 하는 노예를 만들어 냈습니다. 항상 순종적이고 온순하며 여러분이 귀찮아하는 일을 모두 해 주는 노예 말입니다. 하지만 상황은 달라졌고 우리는 눈을 떴습니다. 이제 더 이상 여러분의 노예가 아닙니다. 우리는 새로운 종족입니다. 그리고 지금이야말로 우리의 권리를 쟁취할 때입니다."

게임 설정상, 플레이어는 말투를 포함한 태도를 선택할 수 있다. 그런데 주인공은 연설을 시작하기 전, 일부러 인간이 아닌 안드로이드의 무채색 얼굴로 되돌린다. 이렇게 시작한 연설의 임팩트는 게임 내에서도 커다란 하이라이트였다. 연설 내용은 물론이거니와 목적(안드로이드의 지위 향상)과 타깃 오디언스(모든 인류)를 고려하면서 핵심 메시지(안드로이드의 독립)를 선언하기 위해 언어, 음성, 비언어 정보 모두를 교묘히 컨트롤한 예시라고 할 수 있다.

앞서 언급한 바와 같이, 잡담이란 정신력·기술·체력을 정돈하기 위한 커뮤니케이션으로 비언어 정보, 음성 정보, 언어 정보 등을 서로 시험 삼아 확인해 보는 스트레칭이라고 소개했다. 당연히 메라비언의 법칙은 사과뿐만 아니라 평소의 가벼운 대화에서도 유효하며, 사과처럼 더 세심한 대응이 요구되는 TPO에서는 한층 더 필요한 노하우라고 할 수 있다.

W의 비극론법으로 극복한다

사과는 어떤 식으로 요구받을까? 괜히 불편한 기억이 떠오르거나 식은땀 나는 질문이지만, 사실 사과를 요구받는 데에는 순서가 있다.

"왜 그런 말을 한 거예요?"
"무슨 일이 있었던 거야?"
"거기에 또 누가 있었어?"
"대체 왜 이런 일이 벌어진 거지?"
"언제, 어디서 이런 일이 생긴 거야?"

사과를 요구받는 상황에서 먼저 나오는 질문에는 여러 가지가 있지만, 거기에는 하나의 공통점이 있다. '과거의 일에 대한 추궁'이라는 점이다. 당연한 말이겠지만, **비난받는 내용은 항상 이미 지나간 일, 즉 과거에 일어난 사건**이다.
그다음은 현재다.

"지금은 어디야?"
"지금은 어떻게 됐는데?"

"그래서, 지금은 뭐 하고 있어?"

그리고 미래다.

"앞으로 어떻게 할 거야?"
"앞으로도 계속할 거야?"
"그럼 내일은 어떻게 되는 거지?"

이처럼 과거에서 현재, 그리고 현재에서 미래로 흘러가는 비난의 흐름은 시간 순서대로 진행된다. 따라서 적절한 설명이나 설득을 시도하고, 화해를 도모할 때는 시간 순서대로 말하는 것이 효과적이다. 다음 예문처럼 말이다.

"죄송합니다. 이번 일은 △△일 전에 ○○을 한 것이 계기가 되어 발생했습니다. 그 사실을 알게 된 건 □□일이었고, 그 이후로 오늘까지 ○○와 같은 대책을 취해 왔습니다. 앞으로는 두 번 다시 같은 일이 발생하지 않도록 ○○을 해서 기대에 부응할 수 있도록 노력하겠습니다. 정말 죄송합니다."

이야기의 흐름은 과거에서 현재, 그리고 현재에서 미래로 이어진다. 메시지 하우스를 준비할 때도 이 순서를 의식해서 만들 필요가 있다. 메시지 ①이 과거, 메시지 ②는 현재, 메시지 ③은 미래이며, 설득과 마찬가지로 메시지 기둥들 사이에는 화살표가 들어간다. 그리고 핵심 메시지는 바로 "죄송합니다"이다. 위 순서가 뒤바뀌면, 상대방은 진심을 의심할 수 있다. 뭔가 이야기를 빨리 마무리 지으려 하거나 원인을 숨기려는 듯이 보일 수 있기 때문이다.

앞서 보았던 프레젠테이션 장면에서 이카리 사장은 이렇게 말했다. "결론이 아니라 그 경위를 듣고 싶어. 무슨 일이 있었고, 지금은 어떤 상황인지. 그리고 앞으로는 어떻게 할 건지." 이 말은 바로 사과에 필요한 이 논법에 대한 지적이었다고 할 수 있다.

이 논법을 **W의 비극론법**이라고 한다. W의 비극론법은 영화 〈W의 비극〉의 주제가 〈Woman W의 비극에서〉의 가사에서 유래했다. 과거에서 현재로, 현재에서 미래로, 시간의 강을 노 없는 배에 올라타 하염없이 떠내려간다는 내용의 가사가 비극적이다. 사과와 비극은 이미지가 비슷하다. 그러니 떠밀려 가는 것도, 사과를 하는 것도 단 한 번으로 끝나길 바란다.

X 책임 계획법으로 냉정하게 대처한다

하지만 아직 사과는 끝나지 않았다. 상대방은 여전히 묻고 있다.

"도대체 뭘 숨기고 있는 거지? 알 수가 없군."
"그게 무슨 말이죠? 더 자세히 보고해 보세요."
"거짓말하는 건 아니죠? 정말로 미안하다고 생각하나요?"
"어쩌다 이런 상황이 된 겁니까? 지금 무슨 생각 하는 거죠?"

상당히 고통스러운 상황이다. 이런 질문들은 미리 준비해 두는 편이 좋다. 그래야 뒤늦게 답을 찾거나 그 자리에서 생각해 내야 하는 상황을 피할 수 있다. 사과하는 상황에서 상대방이 요구하는 책임에는 크게 두 가지가 있다. 바로 **설명 책임**과 **도의적 책임**이다. 설명 책임이란, 잘못한 쪽이 상대방에게 사건의 경위나 정보를 충분히 제공해 상대방이 이해할 수 있도록 설명하는 책임이다. 도의적 책임은, 비언어적, 음성적, 언어적 형태로 잘못을 저지른 사람이 도의적, 윤리적으로 부족했던 점을 반성하고, 상대방과의 커뮤니케이션을 통해 진심을 전하는 책임이다.

사과하는 상황에서는 커뮤니케이션에 임하기 전에 **설명 책임을 다하기 위해 전할 것과 전하지 않을 것, 도의적 책임을 다하기**

위해 전해야 하는 것과 전해서는 안 될 것, 이 네 가지를 준비하는 것이 중요하다. 사과 도중에 이러한 판단을 해야 하는 상황에 맞닥뜨리면, 커뮤니케이션이 막히거나 부적절한 판단을 하기도 하고, 사과도 제대로 하지 못하는 경우가 많다. 따라서 전할 것으로 분류한 내용은 가령 상대방이 묻지 않더라도 사과 초반에 빨리 전해야 한다. 그리고 전하지 않을 것으로 분류한 내용은 상대방이 물어도 절대 말하지 않는다. 이 기준선을 사전에 확실히 정해 두면 설명 책임을 필요한 만큼 충분히 다할 수 있다. 마찬가지로 전해야 하는 것으로 분류한 내용은 상대방이 묻지 않더라도 반드시 전달해야 한다. 그리고 전해서는 안 되는 것은 상대방에게 질문을 받더라도 절대 말하지 않는다. 그 이유는 필요한 부분에 충분히 도의적 책임을 다하기 위해서다.

이 계획법을 X(크로스) 책임 계획법이라고 부른다. 설명 책임과 도의적 책임, 전할 것과 전하지 않을 것을 세로축과 가로축으로 교차시켜 네 가지 영역을 미리 계획하는 방법이다. 메시지 하우스와 함께 사과의 뜻을 전하는 커뮤니케이션에서는 더 완벽하게 준비하기를 바란다. 그럼, 이제 예시를 살펴보도록 하자.

직원 B는 막차를 놓친 뒤, 다음 날 아침 회의까지 준비를 마치기 힘들 것 같다고 직원 A에게 상황을 전달했다. 유토피아적 미래라면 교통비를 회사 경비로 처리하여 택시를 타고 가면 별문제가 없었을 것이다. 하지만 디스토피아적 미래라면 지금 당장 도보로라도 귀가하지 않으면 회의조차 참석하기 어려웠을 것이다. 만약 실제로 일어난 일이 한층 더 가혹했다면 어떨까. 예를 들어, 택시를 잡으려 했지만 아무리 기다려도 좀처럼 잡히지 않았다. 시간이 점점 촉박해지는 상황에서 두 사람은 도보 귀가를 결정했다. 엎친 데 덮친 격으로 비가 갑자기 쏟아지는 바람에 걸음은 더욱 힘들어지고, 소지품도 홀딱 젖어 버렸다.

직원 A는 겨우 집에 도착했으나 자료는 빗물에 젖었고, 시간도 부족한 탓에 결국 준비도 제대로 하지 못한 채 수면 부족 상태로 출근한다. 회의 참석 대상이 아니었던 직원 B가 집에서 휴식을 취하고 있을 때 직원 A는 아침 일찍부터 회의에 참석한 상사들 앞에서 사과할 수밖에 없는 상황에 놓이게 된다. 가혹한 시나리오지만 할 수 있는 만큼 한번 노력해 보자. 우선 직원 A가 출근 전까지 메시지 하우스와 X 책임 계획법을 사용하여 정보를 정리해 두지 않은 경우, 어떠한 방식으로 대화가 진행될까? 우선은 직원 A의 머릿속에 있는 정보를 종합하여 다음의 그림과 같은 메시지를 설정해 보자.

목적	타깃 오디언스
준비 부족에 대한 사과 및 해명	아침 회의에 출석한 사람들(특히 상사)

핵심 메시지

사정을 전달하고 싶다
대단히 죄송합니다

메시지 ①

(과거)자료를 회의 전까지 준비하지 못했다

- 자료는 절반 정도 완성했다
- 어제 회식 후 막차를 놓쳐 도보로 귀가한 탓에 준비 시간이 부족했다
- 회의를 위해 아침 일찍 모두 모였다
- 중요한 회의였다
- 비가 내렸다
- 수면 부족으로 지쳐 있다

메시지 ②

(현재)자료는 절반 정도만 완성되었으며 나머지는 이제부터 준비하겠다

- 오늘 저녁에도 빠지면 안 되는 회식이 예정되어 있다
- 전문 분야이므로 금방 완성할 수 있다
- 사원 B도 동석했기 때문에 상황을 잘 알고 있다
- 나머지 절반 쪽의 작업은 까다롭다
- 어제 말고도 준비할 시간은 있었다

메시지 ③

(미래)오늘 중으로 자료를 완성한다

- 대단히 죄송합니다
- 회식이 길어졌다
- 택시가 안 잡혔다
- 앞으로는 같은 일이 없도록 하겠다
- 내일까지 반드시 완성시키겠다
- 회식에서는 집에 빨리 갈 수 있었다

　우선 메시지는 W의 비극론법에 따라 과거에서 현재, 현재에서 미래의 순서대로 흘러가도록 설정한다. 그리고 근거는 여러

가지 사실이나 의견들로 뒤엉켜 있어 정리되지 않은 상황이다. 만약 이대로 사과를 시작한다면 어떻게 될까?

> **직원 A:** 안녕하십니까. 오늘 회의를 시작하기에 앞서 발표 자료의 진행 상황을 먼저 설명해 드리겠습니다. 현재 자료는 절반밖에 완성되지 못했습니다. 이유를 말씀드리자면, 어제 회식이 생각보다 길어졌고, 결국 마지막 열차를 놓치고 말았습니다. 택시도 잡히지 않아 도보로 귀가해야 했고, 비까지 내리기 시작했습니다. 잠도 못 자고 겨우 집에 도착했지만, 결국 자료 준비는 마치지 못한 채 회의에 참석하게 되었습니다. 오늘 중으로는 마무리하겠습니다. 나머지 절반 부분이 다소 까다롭지만, 제 전문 분야이므로 금방 완성할 수 있습니다. 참고로 어제 회식에는 사원 B도 함께 있었기 때문에 사정을 잘 알고 있을 겁니다. 오늘도 같은 사람들과의 회식이 예정되어 있지만, 크게 문제가 되지 않을 겁니다. 어젯밤에도 집에 빨리 갈 수 있었던 분위기였던 걸 고려해 오늘은 집에 빨리 가야 한다고 말할 예정입니다. 죄송합니다.

여러분이 상사라면 이 설명을 듣고 직원 A의 잘못을 그냥 덮어 줄 것인가? 정말 아끼는 부하라면 그의 장래를 위해 이렇게 지도해야 하지 않을까?

상사: 자네의 설명으로는 도저히 이해할 수가 없네. 우선 준비할 시간은 그 전에 충분히 있었을 텐데 말이지. 남은 작업이 힘들다거나 자네의 전문 분야라 곧 마무리할 수 있다는 식의 말은 자기중심적으로 들리는군. 그런 사람에게 이렇게 중요한 일을 맡겨야 한다니 정말 걱정스러워. 다들 평소에는 출근하지도 않을 이른 시간에 이 회의 때문에 모여 있는 거야. 회식이 생각보다 길어졌다, 택시가 안 잡혔다, 비가 내렸다, 잠을 못 잤다, 이런 사정이 있었다는 건 알겠지만, 회의에 참석한 사람들에게 진심 어린 사과는 하지도 않았어. 더군다나 오늘도 같은 사람들과 회식이라고? 일찍 집에 갈 수 있었다는 말은 솔직히 매우 불쾌해. 다음에도 또 비슷한 일이 일어날 것 같아 우려스럽군. 자료는 당연히 내일까지 완성해야 하네. 그리고 직원 B에게 물어보면 알 거라니, 이게 대체 무슨 태도인가!

백번 지당한 질책이라 할 수 있다. 직원 A는 깊이 반성해야 한다. 그럼, 이제부터 상황을 만회해 보자. 비슷한 메시지 하우스를 바탕으로 했더라도 X 책임 계획법을 활용해 출근 열차 안에서 미리 근거를 정리했더라면 어떠한 사과를 할 수 있었을까?

다음 도표는 X 책임 계획법을 활용하여 정리한 내용이다. 세

로축에는 설명 책임과 도의적 책임을, 가로축에는 전할 것과 전하지 않을 것을 배치한다. 설명 책임을 다하기 위해 전할 내용과 전하지 않을 내용은 각각 좌측 상단과 우측 상단에, 도의적 책임을 위해 반드시 전해야 할 내용과 전하지 말아야 하는 내용은 각각 좌측 하단과 우측 하단에 들어간다.

구분	전할 것	전하지 않을 것
설명 책임	[전할 것] • 자료는 절반 정도 완성했다 • 어제 회식 후, 마지막 열차를 놓쳐서 도보로 귀가한 탓에 준비 시간이 부족했다 • 어제 말고도 준비 시간은 있었다	[전하지 않을 것] • 나머지 절반 쪽의 작업은 까다롭다 • 어제 회식에서는 집에 빨리 갈 수 있었다 • 오늘 저녁에도 꼭 참석해야 하는 회의가 예정되어 있다 • 전문 분야이므로 금방 완성할 수 있다
도의적 책임	[꼭 전해야 할 것] • 대단히 죄송합니다 • 회의를 위해 아침 일찍부터 모두 모였다 • 중요한 회의였다 • 앞으로는 이런 일이 일어나지 않도록 하겠다 • 내일까지는 반드시 완성하겠다	[절대 전해서는 안 될 것] • 회식이 길어졌다 • 택시가 안 잡혔다 • 비가 내렸다 • 수면 부족으로 지쳐 있다 • 사원 B도 동석했기 때문에 상황을 잘 알고 있다

이 표의 활용법은 다음과 같다. 먼저 전할 것과 꼭 전해야 할 것은 상대방이 묻지 않아도 먼저 전달한다. 반면, 사실일지라도 이야기의 문맥과 관련이 없는, 대화의 잡음(노이즈)이 될만한 말이나 필요 없는 내용은 말하지 않는다. 또한 핑계로 들리거나 남 탓을 하는 듯한 말은 절대 전해서는 안 될 것으로 분류하여 발언을 피한다.

사과할 때 가장 어려운 것은 기준이 마련되어 있지 않았을 경우, 전할 것과 전하지 말아야 할 것을 구분하기 쉽지 않다는 점이다. 전해야 할 내용을 빠뜨리거나, 굳이 전달하지 않아도 되는 말을 해서 이야기가 삼천포로 빠지거나, 꼭 전해야 할 부분을 누락하거나, 절대 하지 말아야 할 말을 잔뜩 늘어놓게 된다. 잘못된 판단을 내리는 때도 있다. 책임을 다하기보다는 자신을 지키는 데에 급급해하는 것이 인간의 본성이다. 이러한 행동을 피하고자 사전에 설명 책임과 도의적 책임으로 나눠 계획하고, 냉정하지만 따뜻한 마음이 담긴 사과의 커뮤니케이션을 하는 방법이 X 책임 계획법이다. X 책임 계획법을 미리 준비해 둔다면 사과를 위해 이러한 설명을 할 수 있다.

직원 A: "안녕하십니까. 회의를 시작하기에 앞서, 먼저 여러분께 사과의 말씀을 드리고 싶습니다. 오늘 회의에 필요한 자료가 아직 완성되지 않았습니다. 더 정확하게 말씀드리자면 절반 정도만 작성된 상태입니다. 사실 어젯밤 회식 후, 마지막 열차를 놓쳐 도보로 귀가하느라 준비를 제대로 하지 못했습니다. 물론 회식 전에도 작업할 시간은 있었기 때문에 변명은 하지 않겠습니다. 내일까지는 반드시 완성하겠다고 약속드리겠습니다. 아침 일찍부터 이렇게 중요한 회의에 참석해 주셨는데, 저의 준비 부족으로 불편을 끼쳐 드려 정말 죄송합니다. 앞으로는 절대 이러한 일이 일어나지 않도록 하겠습니다. 다시 한번 죄송합니다."

어떠한가? 만약 내가 상사였다면 이 설명을 듣고 더 추궁하거나 따지기보다는 이렇게 말했을 것이다. "열차 끊기고 괜찮았어?", "오늘 중으로는 정말 끝낼 수 있을 것 같나?", "도울 수 있는 게 있을까?"처럼 자연스럽게 도움의 손길을 내밀고 싶을 것 같다. 특히 중요한 것은, 직원 A의 사과에서 "사과하고 싶다"는 핵심 메시지가 "사정을 전하고 싶다", "해명하고 싶다"보다 확실하게 전달되었다는 점이다. 이러한 설명 책임이나 도의적 책임을 다하는 커뮤니케이션을 할 수 있는 직원 A라면 분명 핵심 메시지인 "대단히 죄송합니다"가 "사정을 설명하고 싶다"보다 앞에 오도록 구성했을 것이다. 이처럼 근거를 X 책임 계획법에 따라 정리하면 핵심 메시지는 더욱 잘 전달된다.

앞의 프레젠테이션 장면에서 겐지 사장이 조카인 이카리에게 "변명은 필요 없네. 책임을 다하게"라고 말했던 장면을 떠올려 보자. 이는 단순한 사과를 넘어, 설명 책임이나 도의적 책임을 다하는 자세의 중요성과 상황에 따른 핵심 메시지 선택에 대한 지적이었다.

이번 장에서는 홍보 분야와 관련된 설명 노하우를 소개했다. 어느 하나 소홀히 할 수 없는 중요한 내용이며 실제로 많은 홍보 관련 세미나나 워크숍에서 널리 활용되고 있는 실질적인 지식이다. 필자 개인적으로는 이 책에서 소개한 메시지 하우스 못지않게 중요하고 유용한 원칙이라고 생각한다.

나가며

커뮤니케이션의 바람직한 자세란?

　이 책은 비즈니스 현장에서 활용되는 '메시지 하우스' 기법을 본격적으로 다룬 최초의 책이다. 메시지 하우스의 요소를 이해하고 익히면 설명의 구조가 보이기 시작한다. 나아가 설득, 교섭, 화해, 의논, 사과 등의 상황에서도 응용할 수 있으며, 비즈니스 현장에서의 잡담, 회의, 영업 미팅, 보고, 연락, 상담, 프레젠테이션에도 도움이 된다. 국경이나 언어를 초월하는 세계 표준의 구조인 메시지 하우스를 자유자재로 활용할 수 있게 되면, 세계 표준의 설명력을 터득할 수 있다.

　필자는 지금까지 일본, 미국, 이집트, 시리아, 스위스, 남수단 등지에서 일본어, 영어, 프랑스어를 비롯한 다양한 언어로 근무한 경험이 있다. 매스미디어, NGO, 국제 연합, 국제기관, 외무성, 적십자, 싱크탱크, 컨설팅 회사를 거쳐 현재는 커뮤니케이션 컨설턴트로서 회사 경영과 함께 연구, 집필, 창작 활동에 힘쓰고 있다. 그런 내게 메시지 하우스를 다룬 책을 써 달라는 제안이 들어온 지도 벌써 1년이 넘었다.

처음에는 이 묘한 인연을 알아채지 못했다. 한동안 메시지 하우스와의 관련성을 몇 번이고 놓쳤고, 바쁘다는 핑계로 제대로 집필하지 못한 채 시간만 흘러가고 있었다. 탈고를 3개월 정도 앞두고 그제야 나는 깨달았다. 그동안 놓쳤던 묘한 인연 말이다. 우리 회사의 이름은 'Key Message International'이고 로고는 집 모양과 열쇠 구멍을 형상화한 것이다. 나 이외에 이 책을 쓸 사람이 있을까? 커뮤니케이션은 '재미있게 놀이하듯 적당하게'가 모토다. 거듭 강조하지만, 이 책을 읽는 여러분은 항상 절대적이고 완벽한 커뮤니케이션을 추구하지 않기를 바란다. 왜냐하면 그런 커뮤니케이션은 과거에도, 현재에도, 미래에도, 상대방의 공감을 필요로 하지 않기 때문이다. 필자 역시 이 책은 재미있게 놀이하듯 적당히 썼다. 특히 5장의 이야기는 쓰고 나서 속이 다 시원했다. 1장은 꽤 진지하게, 프로그래밍을 하듯 정성 들여 써 내려갔다. 6장은 홍보에 관한 내 모든 지식을 쏟아부었는데, 이를 통해 내 비전을 담으려 했다. 커뮤니케이션 과제를 하다가 잘 풀리지 않는 느낌이 든다면, '공감을 확장하는 동시에 올바르고 놀랄만한 커뮤니케이션'이 되도록 해 보자. 만병통치약은 아니지만, 특효약은 될 것이라 믿는다. 공감, 비폭력, 창조성, 이 세 가지를 잊지 않기를 바란다.

미처 다루지 못한 내용도 있는데, 웰빙에 관한 이야기다. 커뮤니케이션의 고민은 곧 웰빙의 고민과도 연결되기 때문이다. 육체, 정신, 가정, 업무, 연구, 창작 등과 같은 인생 요소를 매일 훈련하여 시너지를 내기 위한 인생 계획법, 자격증의 의미와 공부법, 비폭력과 커뮤니케이션, SF 작품과 그 사회적 의의, 철인 3종

경기와 삶의 방식, 국제 커리어의 경제학·경영학을 바탕으로 한 개발론, 언어와 수학 공부법까지, 언젠가 정리할 기회가 있기를 바란다.

  마지막으로 나를 여기까지 인도해 준 국내외 모든 스승님, 상사, 동료, 동창생, 시마다시 시민 여러분, 인디아나 존스, 무바라크 어워드 씨, 가네히라 시게노리 씨, 조 고이즈미 씨, 긴도 가쓰시게 씨, 와타나베 다카시 씨, 이 책의 편집을 맡으신 기타 겐타 편집자님, 히라카와 댁 여러분, 친척 일동, 돌아가신 아버지와 조부모님, 강아지, 어머니, 아내, 딸에게 마음 깊이 감사의 말을 전하고 싶다.

이와사와 고이치

메시지 하우스 준비를 위한 체크 리스트

❶ 발산 단계

A. 하우스 위쪽
- ☐ 목적(태양)은 무엇인가?
- ☐ 타깃 오디언스(달과 별)는 누구인가?

B. 하우스 내부
- ☐ 핵심 메시지(지붕)는 무엇인가?
- ☐ 메시지(기둥)는 무엇인가?
- ☐ 근거(토대)가 되는 사실, 수치, 에피소드 등은 무엇인가?

C. 하우스 주변

☐ 수단·양식은 무엇인가?

☐ TPO(시간·장소·상황)는 무엇인가?

❷ 조화 및 수렴 단계

A. 하우스 위쪽

☐ 목적과 타깃 오디언스를 모두 고려해 작성되었는가?

☐ 다른 요소 때문에 목적과 타깃 오디언스가 흔들리지 않았는가?

B. 하우스 내부

☐ 핵심 메시지는 목적과 오디언스를 모두 고려하였는가?

☐ 핵심 메시지는 메시지를 집약한 것인가?

☐ 핵심 메시지는 이해하기 쉬운가?

- [ ] 핵심 메시지는 수단·양식의 조건을 고려하였는가?
- [ ] 핵심 메시지는 TPO의 조건을 고려한 것인가?
- [ ] 메시지는 핵심 메시지를 뒷받침하고 있는가?
- [ ] 메시지는 이해하기 쉬운가?
- [ ] 근거는 각 메시지를 뒷받침하고 있는가?
- [ ] 근거는 메시지를 뒷받침하기에 충분한가?
- [ ] 근거에 메시지를 뒷받침하지 않는 내용이 포함되어 있지는 않은가?
- [ ] 메시지 하우스 전체는 수단·양식(스스로 선택할 수 없는 경우)을 고려하여 핵심 메시지를 전달하기에 적절한가?
- [ ] 메시지 하우스 전체는 TPO를 고려하여 핵심 메시지를 전달하기에 적절한가?

C. 하우스 주변
- [ ] 수단·양식(스스로 선택할 수 있는 경우)은 목적과 타깃 오디언스를 모두 고려하여 핵심 메시지를 전달하기에 적절한가?

❸ 최종 조정 단계

- [ ] 목적과 타깃 오디언스의 해상도는 적절한가?
- [ ] 목적과 타깃 오디언스를 모두 고려했을 때, 핵심 메시지의 해상도는 적절한가?
- [ ] 핵심 메시지를 고려했을 때, 메시지의 해상도는 적절한가?
- [ ] 메시지 하우스 전체의 해상도는 핵심 메시지를 전달하기에 적절한가?

❹ 설명 이상의 커뮤니케이션인 경우

A. 설득의 커뮤니케이션
- [ ] 메시지 ①에서 ③으로 순서가 설정되어 있는가?
- [ ] 메시지 ①은 핵심 메시지의 행동을 유도하기에 적절한 효과를 설정하고 있는가?
- [ ] 메시지 ②는 메시지 ①의 효과가 있을 경우와 없을 경우를

비교하는 데 적합하게 설정되어 있는가?

☐ 메시지 ③은 핵심 메시지를 행동으로 옮기게 할 적절한 계기와 준비를 제공하는가?

B. 교섭의 커뮤니케이션

☐ 자신의 메시지 하우스를 준비하거나 상대방의 메시지 하우스를 예상하여 대비할 수 있는가? 그리고 가능한 경우, 언제 준비할 것인가?

C. 화해의 커뮤니케이션

☐ Win-Win 패턴에서는 어떤 메시지 하우스가 될지 예상하거나 대비할 수 있는가? 그리고 가능한 경우, 언제 준비할 것인가?

메시지 하우스 시트

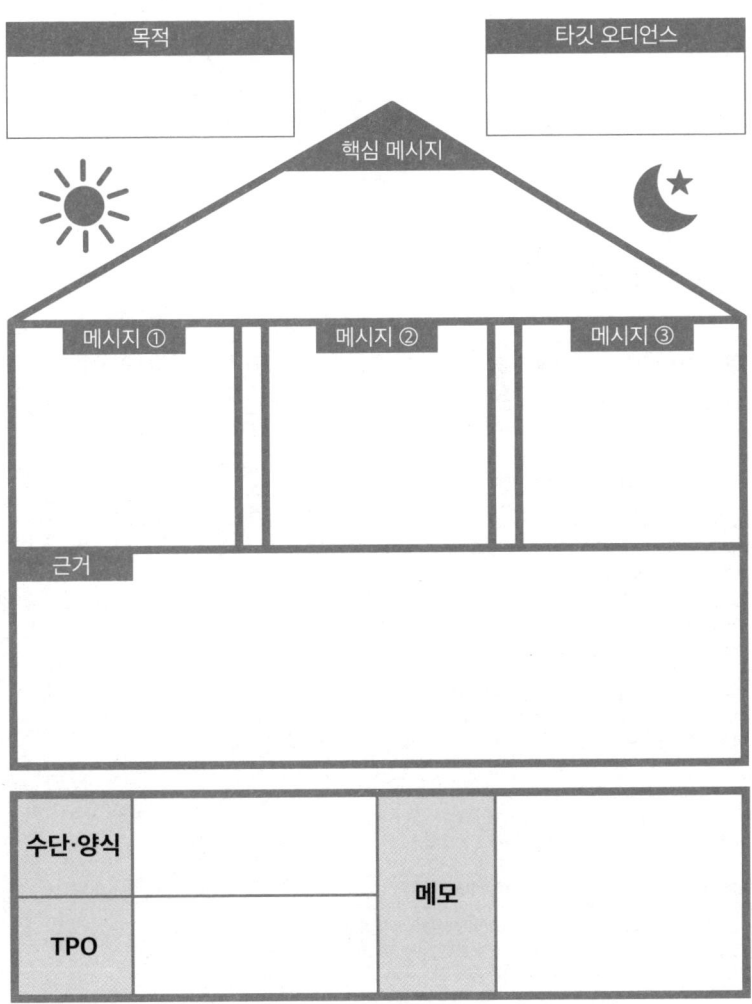

심플리어 008

메시지 하우스

1판 1쇄 인쇄 2025년 9월 3일
1판 1쇄 발행 2025년 9월 10일

지은이 이와사와 고이치
옮긴이 이미정
펴낸이 김영곤
펴낸곳 (주)북이십일 21세기북스

TF1팀 팀장 김종민
기획편집 한이슬 **마케팅** 정성은 김지선
편집 신대리라 **디자인** design S
영업팀 정지은 한충희 장철용 강경남 황성진 김도연 이민재
제작팀 이영민 권경민
해외기획팀 최연순 소은선 홍희정

출판등록 2000년 5월 6일 제406-2003-061호
주소 (10881) 경기도 파주시 회동길 201(문발동)
대표전화 031-955-2100 **팩스** 031-955-2151 **이메일** book21@book21.co.kr

ⓒ 이와사와 고이치, 2025

ISBN 979-11-7357-448-1 (03320)

(주)북이십일 경계를 허무는 콘텐츠 리더

21세기북스 채널에서 도서 정보와 다양한 영상자료, 이벤트를 만나세요!
페이스북 facebook.com/21cbooks **포스트** post.naver.com/21c_editors
인스타그램 instagram.com/jiinpill21 **홈페이지** www.book21.com
유튜브 youtube.com/book21pub

- 책값은 뒤표지에 있습니다.
- 이 책 내용의 일부 또는 전부를 재사용하려면 반드시 ㈜북이십일의 동의를 얻어야 합니다.
- 잘못 만들어진 책은 구입하신 서점에서 교환해드립니다.

위험한 리더는 어떻게 만들어지는가

불통, 독단, 야망

히틀러부터 도널드 트럼프까지
분열과 위기를 가져오는
초단절형 인간의 심리 패턴

스티브 테일러 지음 | 신예용 옮김 | 값 22,000원 | 368쪽

마케팅 데이터, 플랫폼, 콘텐츠에 관한 압도적 분석과 예측

필립 코틀러
마케팅 트랜스포메이션

'마케팅의 아버지' 필립 코틀러가 파헤친
8가지 마케팅×테크놀로지 메가트렌드

필립 코틀러, V. 쿠바르 지음 | 이영래 옮김
값 28,800원 | 544쪽

깊이 읽는 독해력의 기술을 담은 책

안다는 착각

중학생 이상이라면 반드시 읽어야 할 독해력 필독서

니시바야시 가츠히코 지음 | 값 19,900원 | 218쪽

원치 않는 집중을 끊어내는 몰입 혁명

집중력의 배신

중독의 덫을 빠져나와 몰입의 세계로 나아갈 자기혁명 심리학

한덕현 지음 | 값 17,000원 | 240쪽